AF495155

COLLECTIONS

DE

FEU M. LE BARON JÉROME PICHON

OBJETS ANTIQUES,

DU MOYEN AGE, DE LA RENAISSANCE

ETC.

PARIS — 1897

COLLECTIONS

DE

FEU M. LE BARON JÉROME PICHON

OBJETS ANTIQUES,

DU MOYEN AGE, DE LA RENAISSANCE

ETC.

PARIS — 1897

CONDITIONS DE LA VENTE

Elle sera faite *expressément* au comptant.

Les acquéreurs payeront *cinq pour cent* en sus des enchères.

L'exposition mettant le public à même de se rendre compte de l'état et de la nature des objets, aucune réclamation ne sera admise une fois l'adjudication prononcée.

Les experts se réservent le droit de réunir ou de diviser les lots.

MÂCON, PROTAT FRÈRES, IMPRIMEURS.

CATALOGUE

DES

OBJETS ANTIQUES,

DU MOYEN AGE, DE LA RENAISSANCE, ETC.

DÉPENDANT DE LA SUCCESSION

DE M. LE BARON JÉROME PICHON

Président honoraire de la Société des Bibliophiles françois

PLATS D'ARGENT (TRÉSOR DE FELTRE)
BAGUES ET BIJOUX ANTIQUES, DU MOYEN AGE ET DE LA RENAISSANCE
SCEAUX ET CACHETS
MÉDAILLES ARTISTIQUES DEPUIS LA RENAISSANCE
MONNAIES ROYALES DE FRANCE
JETONS DU MOYEN AGE JUSQU'AU XVIIIe SIÈCLE

DONT LA VENTE AURA LIEU

A PARIS, HOTEL DROUOT, Salle nº 7

Du samedi 24 avril au samedi 1er mai 1897

A DEUX HEURES PRÉCISES

COMMISSAIRE-PRISEUR :	EXPERTS :
Me Paul CHEVALLIER	**MM. ROLLIN & FEUARDENT**
10, rue de la Grange-Batelière, 10.	4, rue Louvois, 4, et 6, Bloomsbury Street, W. C. LONDRES.

EXPOSITION PUBLIQUE

LE VENDREDI 23 AVRIL, DE 1 HEURE 1/2 A 5 HEURES 1/2

On pourra visiter les Objets chez **MM**. Rollin et Feuardent, les lundi 19 avril,
mardi 20 et mercredi 21, de une heure à cinq heures.

ORDRE DES VACATIONS

Samedi 24 avril 1897.

Bagues antiques.. Nᵒˢ 1 à 15
Bagues mérovingiennes... 16 à 25
Bagues du Moyen Age et de la Renaissance.................. 26 à 154

Lundi 26 avril 1897.

Orfèvrerie antique : Clochettes de Tarse, Fibules, Phalères, etc.. 155 à 164
Bijoux du Moyen Age, de la Renaissance, etc................ 165 à 204
Trésor de Feltre : Plats d'argent du roi vandale GEILAMIR........ 205 et suiv.
Objets mérovingiens, Camées, etc.................. 206 à 216
Médaillon en verre, fond de coupe chrétienne à fond d'or, avec
   deux bustes... 217
Sceaux antiques, du Moyen Age, de la Renaissance, etc........ 218 à 300

Mardi 27 avril 1897.

Buste de Julia Domna, Tête de Marc-Aurèle, en marbre; Bronzes,
   Poteries, etc... 301 à 306
Médailles artistiques des rois de France, de Charles VIII à
   Louis XVI... 307 à 427

Mercredi 28 avril 1897.

Médailles des princes et princesses de la famille royale......... 428 à 443
Médailles des personnages illustres français................. 444 à 607

Jeudi 29 avril 1897.

Plaquettes, Médaillons, etc................................ 608 à 684
Monnaies gauloises, mérovingiennes, carlovingiennes, royales d'or
   de Louis IX à Louis-Philippe........................... 685 à 814

Vendredi 30 avril 1897.

Monnaies d'or, d'argent et de bronze, royales et seigneuriales.... 815 à 843
Jetons français d'or et d'argent, royaux et administratifs....... 844 à 929

Samedi 1ᵉʳ mai 1897.

Suite des jetons d'argent : Noblesse et personnages célèbres.... 930 à 974
Les mêmes séries de jetons que ci-dessus, en cuivre............ 975 à 1050

COLLECTION DE BAGUES

COLLECTION DE BAGUES

1. Bague grecque trouvée à Thessalonique. — La sertissure, d'une rare
beauté, renferme une intaille en sardoine (*sujet* : Silène à gauche
sur un mulet bridé; sa main droite avancée tient un vase sans anse,
l'autre un thyrse paré d'une bandelette. Devant, un cep de vigne).
Le chaton repose sur un plateau godronné, bordé d'une couronne
d'olivier; l'anneau s'amortit, de chaque côté, par une double volute;
il est orné de cerceaux, de filigranes et de fleurettes, disposés avec
infiniment de goût et d'originalité. *Planche* I.

2. Bague grecque, en or laminé. — Dans le chaton, un camée en agatonyx (masque de Méduse; style barbare des camées de Syrie). —
Trouvée à Gergovie (Auvergne).

3. Bague grecque en or, très importante. — Écusson en forme d'œil.
Sujet gravé : Pénélope assise à droite sur une chaise sans dossier,
la main gauche levée et rajustant le chiton sur l'épaule, la main
droite posée sur le siège. Devant elle, dans le champ, l'arc d'Ulysse.
Légende : ΓΑΝΕΛΟΓΑ (Πανελόπα, forme dorienne du nom de femme
Πηνελόπη). — Vᵉ siècle avant notre ère. *Planche* I.

4. Bague d'enfant, en or. — Écusson ovale, portant un vœu de bonheur :
ΕΠΑΓΑΘΩ (ἐπ' ἀγαθῷ) en lettres ponctuées. — Ile de Chypre.

5. Bague romaine en or massif, trouvée à Aoste (Dauphiné). — Écus-
son ovale, portant le nom du propriétaire de la bague : C | CADARI.
Un cep de vigne est ciselé sur l'anneau.

6. Bague de mariage, gallo-romaine, en or laminé. — Anneau double, à

deux cartouches superposés ; sur l'un, le nom du mari, au vocatif : **METI** ; sur l'autre, le souhait **FELI**(*citer*) ou **FELI**(*x*).

7. Bague en argent doré. — Dans le chaton, un petit camée antique, en agatonyx, de forme oblongue et portant l'inscription : **DOMNE | HAVE** en lettres blanches sur fond rouge. De chaque côté du chaton, une flèche en relief, à la base dentelée et accostée de deux granules.

8. Bague en or. — Chaton ovale enchâssant une intaille romaine en nicolo (*sujet* : Vénus victrix, tenant le casque, la lance et le bouclier de Mars ; devant elle, un Amour sans ailes). L'anneau est un simple fil d'or, amorti par deux trèfles ; le tour du chaton est ciselé. Style gallo-romain.

9. Bague romaine, en or massif. — Chaton ovale, à bordure perlée, renfermant une intaille en jaspe rouge (buste de Mercure à gauche, le caducée sur l'épaule). Les montants de l'anneau sont amortis, chacun, par deux grains d'or. Un de ces derniers manque.

10. Petite bague romaine, en or battu. — Elle est ornée d'une petite intaille en sardonyx à trois couches, taillée en cône et ayant pour sujet : Bacchus avec le thyrse et le canthare, la panthère à ses pieds.

11. Bague gallo-romaine, en or battu. — L'intaille qui s'y trouve enchâssée est un nicolo (Neptune debout, tenant un dauphin).

12. Bague de mariage, romaine, du vᵉ siècle. — Chaton ovale, serti d'une cornaline (sujet gravé : deux têtes en regard, l'une d'un homme, l'autre d'une femme ; entre elles, une bandelette). Le fil d'or de l'anneau s'arrête de chaque côté entre deux globules.

13. Petite bague d'or romaine, le chaton façonné en double fleuron (ressemblant au foudre ailé). Un clou de fer oxydé et quelques cailloux de rivière y adhèrent.

14. Belle bague de mariage, en or creux, du vᵉ siècle. — Chaton oblong, à deux degrés, serti d'un rubis et de deux petites émeraudes. Sur l'assise inférieure du chaton, l'inscription niellée : **MICAEL MECV | VIVAS IN DEO**. Anneau biseauté, orné, à son sommet, de fleurons

et de rinceaux finement taillés d'épargne et niellés. — Trouvée en Italie.

M. Deloche, *Revue arch.*, 1887, t. I, p. 51.

15. Bague mérovingienne, en or martelé, trouvée en Limousin. — Légende gravée sur deux lignes : **ALGVNI** (le **G** à rebours); c'est le nom de femme *Algundis*. Du côté opposé, sur un petit disque découpé, un monogramme formé des lettres : **VNSF**. Fleurons et graines ciselés sur l'anneau.

16. *Berthilde*, femme de Dagobert Ier (628-638). — Bague d'or. Écusson orbiculaire soudé sur un anneau qui s'amortissait, de chaque côté, par trois perlettes d'or. Une seule de ces perles subsiste. Légende : **+ BERTILDI∾**, en cercle autour d'un grand monogramme formé des lettres **REÇINA**. *Planche* III.
Trouvée à Laon.

Le Blant, *Inscriptions chrétiennes de la Gaule*, t. II, 569 (pl. 91). — A. de Longpérier, *Œuvres*, t. VI, 45. — Catalogue de la vente Benjamin Fillon, n. 31 (pl. II, 1). — M. Deloche, *Revue arch.*, 1886, t. II, p. 141.

17. *Dromacius* et *Betta*. — Bague en or massif. Écusson en forme de tablette carrée, avec gravure de style barbare : guerrier en tunique courte, debout à droite, le bras gauche pendant, l'autre appuyé sur une lance. Devant lui, une femme drapée, le bras droit étendu d'un geste de suppliante, les cheveux épars et retombant jusqu'aux jarrets. Sur la tranche de l'écusson : **DROMACI | VSBETTA** en lettres niellées. L'anneau s'élargit vers le haut, où il a pour décor, de chaque côté, une palmette ciselée et niellée, formant chapiteau. Le milieu de l'anneau est façonné en losange. — Ve siècle. *Planche* I.
Trouvée, vers 1850, dans un cours d'eau, à Mulsanne (Sarthe).

Hucher, *Bull. monumental*, t. XVIII, 308. *Sigillographie du Maine* (1855), p. 7 *Catalogue de la collection de sceaux-matrices de M. Hucher* (1863), p. 1. — Barraud, *Des bagues à toutes les époques* (1864), p. 160. — Jones (William), *Finger-ring lore*, p. 411. — M. Deloche, *Revue arch.*, 1887, t. II, 44.

18. *Sainte Gulfetrude*, nièce de sainte Gudule, fille de Pépin l'Ancien (VIIe siècle). — Bague en or battu ; chaton orbiculaire, en tambour, portant la légende circulaire : **ÇVLFETRVD**. La tranche figure une corbeille en vannerie.

Trouvée à Gironde (près de La Réole), dans un tombeau que l'on croit être celui du jeune Childebert, roi d'Austrasie.

Fontenay, *Les Bijoux*, p. 44.

19. *Gundis*. — Bague mérovingienne en or, faite d'une seule pièce, l'écusson en forme d'œil et portant la légende : + ϚVNAIS (les trois dernières lettres à rebours et sur une seconde ligne, séparée de la première par un trait). Les épaules de l'anneau sont perlées et s'amortissent par des groupes de perles d'or disposées en flèche.

Trouvée à Paris, lors de la construction de la nouvelle Clinique, derrière le Luxembourg, sur un cimetière mérovingien.

« Mabillon cite une *Gundis* qui fut réduite en esclavage pour avoir quitté son couvent. » [Note de M. le Bon Pichon.]   *Planche* III.

20. *Gundoberga*. — Bague ecclésiastique, en or niellé, avec une saphirine-chalcédoine en cabochon (rapportée). Sur le chaton, autour de la pierre, la légende : + ϚVNDOBERϚ[A] VIVAS DEO, les lettres en taille d'épargne et se détachant sur un fond de nielle. La tranche du chaton est filigranée, l'anneau plat et à huit pans; les attaches ont pour décor un motif d'entrelacs niellés.

Le nom propre indique que cette bague, extrêmement précieuse, est une bague longobarde de la première moitié du VIIe siècle. Elle a probablement appartenu à Gundoberga, successivement femme du roi Charoald et du roi Crotechar (*voir* Paul Diacre, *Hist. Longobard.*, liv. IV, 49 et Frédégaire, *Chronicon*, p. 145 et 156, éd. Krusch).   *Planche* I.

21. Bague mérovingienne, en or martelé. — Écusson rond figurant le buste d'un empereur byzantin, de face. Légende : IANOA|ARI (pour *Ianuari?*). Bords perlés. Tige simple, amortie de chaque côté par deux perlettes d'or. — VIe siècle.

22. Bague mérovingienne en or, trouvée près d'Amiens. — Sur l'écusson hexagonal, un monogramme formé des lettres : OENVS. Tige simple, terminée par deux griffes façonnées qui soutiennent l'écusson, et amortie de chaque côté par trois grains d'or.

M. Deloche, *Revue arch.*, 1887, t. I, 52.

23. Bague longobarde en or. — Écusson rond, les bords perlés. Légende rétrograde en creux : + TRASOLFVϚ autour d'un point clos. Tige amortie de chaque côté par un globule. — VIe siècle.   *Planche* I.

24. Bague mérovingienne ou carlovingienne en or massif. — Écusson oblong, avec un monogramme formé des lettres **TRVⓄCIS** et, à gauche, **COM**, pour *comitis*. On pense à un nom propre allemand, tel que *Truozi*. Du côté opposé, un petit disque flanqué de quatre grains d'or porte le monogramme **ATI**, si l'on ne préfère y voir un **A** surmonté d'une croisette. L'anneau est biseauté et se resserre deux fois de chaque côté. *Planche* I.

« Cette bague ne peut être que la bague d'un comte mérovingien ou carlovingien, probablement d'un *Argisius* qui aura donné son nom au *Mons Argisii* (Montargis). » [Note de M. le Bon Pichon.]

25. Bague anglo-saxonne en or laminé et ciselé. — La partie supérieure, soudée à l'anneau, est découpée en forme de croix chrétienne, striée et munie, à son centre, d'un clou saillant ; l'anneau est orné d'un chapelet.

26. Bague de mariage en or massif, émaillé ; travail byzantin du ixe siècle, exécuté probablement dans l'Italie méridionale.

Écusson carré et quadrilobé. *Sujet* : la Vierge, debout à gauche, bénit une femme ; le Christ, debout derrière elle, mais de face, bénit un homme qui prie. Tous deux sont nimbés et plus grands de taille que les adorants. En exergue, on lit : **OMONVA** (pour ὁμόνοια, *concorde*). Émail bleu, coulé dans des alvéoles profonds, dont deux sont vides.

Sur la tranche du chaton sont gravés, en lettres émaillées, les noms des époux, Petros et Théodoté : **+ KVPIE BOHΘI TOVC · ΔⓄΛⓄC COV ΠETPⓄ S ΘEΟΔOTIC** (Κύριε βοήθι τοὺς δούλους σου. Πέτρου καὶ Θεοδότις).

L'anneau est à huit pans, dont un soutient l'écusson. Sur les sept autres on a gravé sept scènes de la vie du Christ : l'Annonciation, la Visitation, la Nativité, la Présentation au Temple, le Baptème, l'*Ecce homo* et l'Ange devant le tombeau.

Les deux tranches de l'anneau portent le verset 27 du 14e chapitre de l'Évangile selon saint Jean :

+ EIPINHN THN EMHN AΦIHMH VMHN +
+ EIPHNHN THN EMHN ΔHΔⲰME VMHN +

(εἰρήνην τὴν ἐμὴν ἀφίημι ὑμῖν. εἰρήνην τὴν ἐμὴν δίδωμι ὑμῖν). *Planche* II.

G. Schlumberger, *Mélanges d'archéologie byzantine*, p. 67.

27. *Acquaviva* (*Mathieu d'*), en 1349 chambellan de la reine Jeanne de
Naples et de Provence. — Bague en or massif. Écusson orbiculaire
aux armes des Acquaviva, timbrées d'un heaume et d'un vol
sur fond quadrillé. Légende : ✠ SECRETŪ·MATĦI D'AQUA-
BIBA. — XIVᵉ siècle.   *Planche* III.
Trouvée dans l'Archipel.

28. *Roger Grulano* (?). — Bague en or massif. Écusson octogone aux armes
appuyées contre un heaume timbré d'une tête de griffon; P dans le
champ. Я·ROGERII·GᴦVTЯⱤO (?). Sur l'anneau biseauté, un
ᴦ et un ᶃ gothiques; à l'intérieur : IĦS·E·M·IĦS. — XIVᵉ siècle
                                                         Planche III.

29. *Pietro Novarino*. — Bague en or, l'écusson en octogone allongé.
PETRUS·ⱤOBЯRINO. Écu sous un heaume timbré d'une tête de
chèvre. Bordure perlée.   *Planche* III.

30. *M... P...* — Bague italienne en or massif. Sur le chaton ovale, un écu
penché, à trois fasces, timbré d'un heaume qui a pour cimier une
tête de chien avec son collier. Légende : M p. Anneau en biseau;
les attaches figurent des chapiteaux godronnés. — XIVᵉ siècle.
                                                         Planche III.

31. *C... R...* — Bague italienne du XIVᵉ siècle, en or. Écusson octogone
aux armes (lion à gauche) timbrées d'un heaume à cimier. Lettres
gothiques : ᴄ·ᴦ. Le haut de l'anneau est biseauté.   *Planche* III.

32. *Ricci*. — Bague en or. Sur l'écusson octogone, les armes des Ricci
(trois fleurs de lis), et autour : ✠ : Я : ⱤOTI : RICCI : D : CLUS.
Sur l'anneau, cannelé, un i et un ᴦ. — XVᵉ siècle.   *Planche* III.

33. *Roger*. — Bague italienne du XIVᵉ siècle, en or massif. — Écusson
octogone, portant un écu penché (à la bande bretessée) sous un
heaume timbré d'une tête de chien, dont le cou est pris dans un
collier. Légende : S·ROGERII. — Le haut de l'anneau est biseauté.
                                                         Planche III.

34. *Udolo, fils d'Hercole*. — Petite bague en or. Chaton rond, serti d'une
intaille du moyen âge (en grenat) et portant l'inscription : ✠S' DE
VDOLO DE Ħ'CUL'. L'intaille représente une femme assise, d·

face, sur un siège, la tête tournée vers une figurine agenouillée, armée d'une épée, et qui lui présente une couronne. L'anneau est légèrement évidé, orné d'une branche de lierre et terminé par deux têtes de serpent qui mordent le chaton. — xvᵉ siècle.

35. Bague en or, à bas titre, le chaton mobile, la monture close. Un camée ovale, en agatonyx, y est enchâssé, représentant le buste à gauche d'une dame italienne du xvᵉ siècle, décolletée, parée d'un collier de perles et de boucles d'oreilles. On lui trouve de la ressemblance avec la Catherine Riva des médailles d'Abondio. Au revers de la monture, qui est du xviiiᵉ siècle, un losange échancré et cantonné de quatre petites cornes d'abondance se détache sur un fond de sable.

36. Bague vénitienne du xviiᵉ siècle, en or. — Chaton en forme de coupelle, consolidé, en dessous, par une lamelle cruciforme, découpée et quadrillée. Les bords de la coupelle sont garnis de denticules qui maintiennent une turquoise en cabochon. De chaque côté du chaton, un disque debout, à la tranche émaillée de bleu, et un bouton émaillé, revêtu de feuillages. L'anneau est tout couvert de ciselures.

37. Bague italienne en argent. — Le chaton, ovale, enchâsse une cornaline antique (*sujet* : Buste d'homme barbu et lauré). Autour de cette pierre : **S ꝶICOLꜳVS·FILIVS·GꜳCꜳS**. — Anneau plat. — xivᵉ siècle.

38. Bague italienne en argent. — Écusson ovale : **✠ ꟽꜳRCO·DE· CꜳPOVꜳSI** autour d'un **ꟽ** gothique orné d'une croisette et placé sous un **Ω** (signe d'abréviation). Anneau moulure. — xivᵉ siècle.

39. *Roger*, roi de Sicile (✝ 1152). — Fac-similé d'une bague d'argent, publiée dans l'*Arch. Journal*, t. III, p. 269. Écusson oblong, portant la légende **ROGERIVS REX** sur émail bleu. Sur les attaches, de chaque côté, une couronne sur émail bleu, et sur l'anneau, une nervure terminée par deux lis.

40. Bague italienne en cuivre doré. — Écusson rond; la gravure représente un écu en pointe, timbré d'un casque et entouré de feuillages. — xivᵉ siècle.

41. *Le Prince-Noir* (?). — Bague en or, d'un travail extrêmement fin. Chaton hexagonal, serti d'un petit rubis (gravure : masque imberbe, de face); autour de la pierre : ✠ SIGILⱮ (*sic*)·SECRETⱮ, gravé en creux. Sur la tranche, qui est divisée en six pans : S' **georgius** (rosace), en relief. Anneau à nervure perlée et amorti par des volutes; de chaque côté de la nervure, une légende en relief : ✠ **ieꝑus** (*sic*) **autcn** (*sic*) **transiens per me|diun** (*sic*) **illorum** (*sic*) **ibat et uerbum c**, la ponctuation remplacée par des rosaces. Ce sont les versets IV, 30 de l'Évangile selon saint Luc et I, 14 (*uerbum caro factum est*) de l'Évangile selon saint Jean. — XIIIᵉ siècle.

Trouvée, en 1866, sur l'emplacement de l'ancien château de Montpensier (près d'Aigueperse, arrondᵗ de Riom).

On l'attribue au Prince noir parce que le masque gravé sur le rubis est celui des esterlins anglais, que la légende *Jesus autem* se retrouve sur les nobles d'or anglais, et que saint Georges était le patron de l'Angleterre.   *Planche* II.·

Michel Cohendy, dans le *Compte rendu de l'Association française pour l'avancement des sciences*, t. V (1876, congrès de Clermont), p. 658 et dans le *Compte rendu de la Société du Musée de Riom*, 1876-77, p. 42. — F. M. Tubino, *Academia española*, t. I, p. 9. — Edw. Hailstone, dans les *Cambridge Antiquarian Society's communications*, vol. IV, 181.

42. *Guillaume Talbot*. — Bague en or massif. Écusson à huit pans, dont deux échancrés. Gravure : aigle éployée devant une banderole déroulée sur laquelle on lit : **guillelmus**; annelets dans le champ. Anneau à pans coupés longitudinalement, le pan médian concave et portant la devise de Talbot : **mon feul dezir**, dont les mots sont séparés par des pensées. — XVᵉ siècle.

Trouvée, vers 1875, dans le sable du port Saint-Bernard, à Paris.   *Planche* I.

43. Bague en or massif, émaillée de bleu et de rouge. — Sur l'écusson carré, les armes royales d'Édouard VI, écartelées de France (trois lis sur fond bleu) et d'Angleterre (trois guépards à gauche sur fond rouge), sous couronne fermée. De chaque côté, une banderole avec la devise : HONY·SOYT·QVI | MAL·Y·PENCE(*sic*). L'anneau, à cinq pans, est percé de cinq grandes ouvertures carrées, destinées à des pierres précieuses. — XVIᵉ siècle.   *Planche* II.

44. *Saint Louis.* — Fac-similé de la bague-cachet de Louis IX, du Trésor de Saint-Denis (Musée du Louvre). L'anneau, en or émaillé, est semé de fleurs de lis qui se détachent en taille d'épargne sur un fond bleu, et porte, sur sa face interne, l'inscription : CEST·LE·SINET ƆV ROI·SANT·LOVIS. Le chaton, de forme rectangulaire, renferme une agate sur laquelle est gravé le saint debout, placé de face, couronné, nimbé, et tenant le sceptre et le globe. Dans le champ, S̄ L̄ (*Sanctus Ludovicus*), d'une écriture moins ancienne que la gravure.

45. *Jean de France*, duc de Berry, frère de Charles V. — Bague en or, à monture close (moderne). L'intaille sur saphir qui y est enchâssée représente un homme drapé et coiffé d'un chapeau, assis de face sur un siège dont le dossier est orné de deux croix fleuronnées. Ses mains reposent sur les accotoirs du siège. M. le Bon Pichon lui trouvait quelque ressemblance avec deux statues du duc de Berry qui se voient dans la cathédrale de Bourges. *Planche* III.

46. *Henri II.* — Petite bague en or. Sur l'écusson ovale, le monogramme de Henri II et Catherine (ou Diane de Poitiers); au-dessus et au-dessous, une S barrée.

47. *Jean-Philippe d'Antioche.* — Bague en or, faite en une seule pièce. Écusson octogone : S·IO'·PҺILIPP'·Ꝺ'ᴀᴨᴛIOCIᴀ. Écu en pointe, chargé d'une aigle éployée. — xve siècle. *Planche* III.

48. *Bussy.* — Bague en or battu. Le chaton, qui a perdu sa pierre, porte le nom de BⱠSSY, dont les lettres, très espacées, sont séparées par des étoiles et des branchettes. — xvie siècle.

> « Elle a été trouvée à Paris, dans le petit bras de la Seine, près le Pont-Marie, et contenait une cornaline gravée (tête d'homme coiffée d'un morion ou d'un chapel). La pierre a été perdue dans l'île Saint-Denis, où demeurait la personne de qui je tiens la bague. » [Note de M. le Bon Pichon.]

49. Bague en argent. — Écusson orbiculaire, portant la légende : ✠ **coꝝot caꝛneꞇ** et un couteau. Anneau biseauté. — xve siècle.

50. Bague en or massif. — Chaton hexagonal figurant un écu écartelé (aux 1er et 4e, une fasce échiquetée; aux 2e et 3e, une bande accompagnée

de six billettes) ; dessus, une double branchette, et au sommet de l'anneau, qui s'amortit par trois pans coupés, une petite étoile. — XVIe siècle.

D'après M. le Bon Pichon, ce seraient les armes des Chastellux.

51. *Jehan Dinet.* — Petite bague en or. Sur l'écusson octogonal : **ichan dinet** autour d'un **A** gothique. Les montants de l'anneau sont ornés de pensées.

Trouvée dans le Rouergue.

52. *Perseval d'Enneval,* chambellan de Charles V et de Charles VI. — Bague en or massif. Chaton ovale, portant la légende : **✠ S : PER-SEVAL : DERREVAL** (étoile). La partie centrale du chaton est mobile et tourne sur pivot ; elle figure d'un côté une tête de chien, de l'autre un chien avec une clochette au cou. Sur l'anneau, feuilles et fleurs ciselées et, de chaque côté, un **P** en relief.

Trouvée en 1861, dans le bois de Halettes, près du Havre.

Froissart (liv. II, chap. 182) parle de « messire Parcevaulx d'Aineval », au passage de la Lys, 1382. [Note de M. Douët d'Arcq.]

Planche II.

Fontenay, *Les Bijoux,* p. 52.

53. *Louis de Gaillal* (?). — Bague en or, le chaton de forme octogone, serti d'un saphir cabochon et à monture close. Autour, une légende gravée : **✠ ARLLLUS-LODOUICI·DE·GAILLAL** (?). Sur la tige biseautée de l'anneau : **uerbum·caro·factum** (trois lettres effacées) **stabit** (allusion à l'Évangile selon saint Jean 1, 14). — XVe siècle.

54. Chaton de bague en or, enchâssant une intaille antique et portant la légende : **✠ S GERMERI·CI ECh'**. L'intaille, un nicolo, représente Vénus Victrix. — XIVe siècle.

55. *Jehan de Grailly.* — Bague en or massif, l'anneau à grosses côtes torses ornées de deux rubis. L'écusson, en forme de rosace, figure les armes de la maison de Grailly (écu écartelé ; aux 1er et 4e, une croix chargée de cinq coquilles ; aux 2e et 3e, trois bandes et un franc quartier). Au-dessus, en minuscules gothiques : (branchette) **c | ·i·ð·gre**. — XVe siècle.

M. le B⁰ⁿ Pichon attribuait cette belle bague à Jehan de Grailly, captal de Buch, qui mourut prisonnier au Temple, en 1376.

Planche III.

Fontenay, *Les Bijoux*, p. 52.

56. *Jean d'Harcourt*. — Bague d'or, sertie d'une agate rubanée, carrée et taillée à biseau. On y voit gravé un écu couronné de trois fleurs de lis et de deux fleurons; autour : IAN·COMTE·DE·HARCOVRT. — Fin du xviᵉ siècle.

57. *Arnold de Mont*. — Bague en argent, l'écusson à huit pans échancrés (oiseau à gauche; dessus, une banderole avec ✠ arɳoʟ ꝺc moͫ). — xviᵉ siècle.

58. *Thomas de Nevers*. — Bague en or, le chaton clos et incrusté d'une cornaline. Sur la pierre, trois chiens courants, superposés; autour, sur les bords du chaton : ✠ꜧovmas ꝺ' ꞃevaiꞃ. L'anneau est un fil d'or amorti par quelques ciselures. — xivᵉ siècle.

59. *G. du Port*. — Bague en argent doré. Sur l'écusson octogone : un G couronné et autour : ꝺu : poꞃt (branchette). Anneau biseauté, avec l'étoile indiquant le haut du cachet. — xvᵉ siècle.

60. *Ruzé d'Effiat*. — Bague d'or du xviᵉ siècle, portant les armes de la maison Ruzé d'Effiat [attribution de M. le B⁰ⁿ Pichon]. Écusson ovale, l'anneau un simple fil d'or.

61. *Bertrand de la Tour*, premier comte d'Auvergne, un des héros du règne de Charles VII. — Bague en or massif. Dans le chaton, une agate carrée (tête de jeune homme, coiffée d'un bonnet qui a pour décor trois coquilles de pèlerin. Gravure italienne du xvᵉ siècle). Sur les bords du chaton : ✠ S·B· ꝺc tvꞃꞃc; anneau biseauté à la lime et orné, de chaque côté, d'une croisette fleuronnée.

L'attribution est de M. le B⁰ⁿ Pichon.

Fontenay, *Les Bijoux*, p. 53.

62. *Jehan le Vacher*. — Bague en argent. Écusson octogone aux armes (une écrevisse) de I·LE·VAChER. Anneau biseauté. — xvᵉ siècle.

Trouvée dans la Seine, à Paris.

63. Bague en or. — Chaton élevé, en forme d'entonnoir, serti d'une cornaline en cabochon. Anneau biseauté et divisé en segments par cinq fleurons saillants. Légende :

✠ DE|US : IN|NOMIN|E : TU|
O : SAL|US : ME | FAC : E|T . INX

(*Psaume* LIII, 3). Les lettres sont taillées d'épargne. — XIVe siècle.
Planche I.

64. Bague épiscopale en or, le chaton élevé, en forme de calice, et renfermant un saphir cabochon. L'anneau, à nervure médiane, porte cinq fleurons ciselés et espacés régulièrement ; l'inscription suivante y est gravée en taille d'épargne :

✠ IN MA|NUS ✠ TU|AS ✠ DO|MINE :: C|
OMENDO|SPIRITU|M ✠ MEU|M ✠ CRI

Ce sont les dernières paroles prononcées par le Christ en croix (Saint Luc, ch. XXIII, 46). — XIVe siècle.

65. Bague en or, le chaton élevé, en forme de losange, et renfermant un saphir cabochon. L'anneau, plat, porte la légende gravée : AVE MARIA GI ; ses montants sont décorés, chacun, d'un quatre-feuilles et d'une tête de lion mordant les griffes qui les relient au chaton. — XVe siècle.

66. Bague en or, le chaton élevé et serti d'un diamant brun taillé en pyramide. Les deux bouts de l'anneau sont ciselés, et sa lame porte l'inscription : ✠ iesus ✠ auten ✠ transi (Évangile selon saint Luc, ch. IV, 30). — XVe siècle.

67. Bague en or ciselé. Écusson octogone, enchâssant un grenat (intaille antique : masque barbu). Autour de la pierre : ✠ UERBUM : CARO : FACT, gravé en creux. Anneau à nervure médiane, avec l'inscription : ✠ DEUS : IN NOMI
NE : TUO : SALVUM

en lettres taillées d'épargne. Au bas de l'anneau, une fleur ; à sa naissance, deux targettes ciselées. Les légendes sont empruntées à l'Évangile selon saint Jean, chap. I, 14 et au Psaume LIII, 3. — XIVe siècle.
Planche III.

68. Bague en or laminé. — Dans le chaton, un saphir cabochon (rapporté) de forme orbiculaire; sur l'anneau, qui forme un large cylindre, l'inscription suivante, en quatre lignes, groupées deux par deux et séparées par une baguette perlée :

> ✠ vne fame nominatiue
> a fait de móy son datiff
> par la parole genitiue
> en depit de lacufatiff

La ponctuation est marquée par des roses, des myosotis et des pensées. A l'intérieur on lit :

> ✠ Ⓝ amour est
> infiniti⌊u⌋e ge veu
> est⌊r⌋e son relatiff

et à côté de ces vers est gravée une figurine de femme, tenant en laisse un écureuil (le *fouquet*), symbole de l'inconstance ou allusion au nom du poète. Les vers rappellent un rondel de Charles d'Orléans, père de Louis XII, cité dans le dictionnaire de Littré. Fleurs et feuillages dans le champ; quelques traces d'émail. — xvᵉ siècle.

A. de Longpérier, *Œuvres*, t. VI, 273.

69. Bague de mariage, en or, de facture très délicate. Le chaton renferme deux émeraudes en table, juxtaposées; deux de ses faces latérales sont à jour, et ses quatre coins supérieurs sont amortis par des perlettes d'or. Anneau plat, évidé sur sa tranche et ses deux faces pour recevoir de l'émail. Attaches ornées de trèfles ajourés et reposant, chacune, sur un dé, dont trois faces portent les lettres gothiques ajourées : AℳOVRS. — xvᵉ siècle.

70. Bague en or ciselé. — C'est un simple anneau, sans chaton; sa face externe porte la devise : ✠ ceft mon dezir, les mots inscrits, en taille d'épargne, sur trois cartouches espacés et séparés par des fleurettes. — xvᵉ siècle.

71. Petit anneau en or laminé, portant la devise : **a tart oubfie**, les mots séparés par des pensées. — xvᵉ siècle. — A l'intérieur, le chiffre VI.

72. Anneau en or. — Sur l'écusson, un cœur émaillé de rouge; sur l'anneau : **mon** et **aue6**; la devise doit donc se lire : *mon cuer avez*. Les lettres sont niellées, et chaque mot est placé entre deux branchettes. — xve siècle.

73. Petite bague d'or du xve siècle. — Fil simple ; sur sa face externe sont soudés trois petits cartouches, portant la devise **ie fe ɗi** et alternant avec trois fleurons.

74. Anneau en or ciselé. — Sur la face externe : **iene fay** (?), les mots séparés par des branchettes de myosotis. — xve siècle.

75. Bague en argent. — Anneau plat, portant la devise : **mon cuer aue6**, les mots séparés par des pensées. — xve siècle.

76. Petite bague en argent. — Anneau plat, portant la légende : **LOIЯL-TES·PЯSE·TO** (*loyauté passe tout*), en relief. — xve siècle.

77. Bague en or battu, avec un petit camée en agatonyx, du xvie siècle (buste de femme à gauche), bordé de ciselures. A l'intérieur de l'anneau, la devise : **ɗung·feuf·regart·vou6·ɗoi6t·fuffire**.

78. Bague à devise, en or massif. — Écusson octogonal, légèrement échancré. Croix ancrée dans un écu à pointe; autour : **povr**··· **vou6**··**penfif** (rose). Anneau à trois cannelures profondes, avec une étoile au sommet de l'écusson.

Cette bague peut avoir appartenu à Chrestien de Digoine, l'un des narrateurs des *Cent Nouvelles nouvelles*. [Note de M. le Bon Pichon.]

Planche III.

79. Bague d'or, le chaton en entonnoir, serti d'un saphir cabochon de forme hexagonale, et accosté de quatre perles fines. Ces perles sont montées, deux par deux, sur des supports en *oméga*, enjolivés de petits cylindres et d'annelets (dont deux manquent). Anneau plat portant, sur sa face externe, une devise en taille d'épargne : **en ɗi⦙e⦙u ✚ me fie**. Les lettres se détachent sur un fond ciselé. — xve siècle.

80. Bague en or. — Anneau très large, bordé de jargons et divisé en

quatre panneaux qui renferment, chacun, sous cristal de roche, une lettre d'or, fleuronnée, inscrite dans un filet d'or. Ces lettres, *LACD* (*elle a cédé ?*), alternent avec quatre petits cartouches, bordés de brillants et formant l'inscription : AMOUR VEILLE SUR ELLE, tracée en or sur émail bleu. — XVIIᵉ siècle.

81. Bague en or, avec un petit diamant brun taillé en pyramide. Dans l'intérieur de l'anneau, les noms des trois rois mages : ✠g vafpar bafdafar mefcſion (sic). — XVIᵉ siècle.

82. Anneau en argent, avec la légende : ✠ AGIOS (étoile) O ꚇEOS (étoile) AꚇANAꚇOS en lettres niellées. — XVᵉ siècle.

83. Bague en argent, le chaton serti d'un camée antique en agatonyx (Buste de Minerve). Sur le tour de l'anneau : AGIOS ✠ OꚇEOS ✠ AꚇAꚇ . — XVIᵉ siècle.

84. Bague en argent. — Écusson ovale, avec les sigles ɥ̵ſꙅ, l'ſ couronné d'une croisette. — XVIᵉ siècle.

85. Bague en or, avec un saphir cabochon serti dans le chaton et maintenu par quatre griffes. Sur l'anneau, de chaque côté, un **p** gothique, taillé d'épargne sur un fond de sable. — XVᵉ siècle.

86. Bague de mariage, en or massif. — Chaton ovale à bordure ciselée, enchâssant un petit nicolo (gravure : écu chargé d'une tour crénelée et d'un mur d'enceinte). Sur les montants de l'anneau, on voit d'un côté un **f** gothique, de l'autre un **a**. Ces lettres sont entourées de feuillages et, sous chacune, il y a une colombe perchée sur une branchette. — XVᵉ siècle.

87. Bague en or laminé. — Écusson rond, portant un **ꚇ** gothique en relief. — XVᵉ siècle.

88. Bague épiscopale en argent. — Le chaton renferme une grosse chalcédoine en cabochon et a pour décor une frise d'entrelacs et une ligne perlée. L'anneau, biseauté, est orné des mêmes entrelacs et d'une forte nervure médiane perlée, terminée, de chaque côté, par un disque et un losange. Les attaches, très évasées, sont décorées de

trèfles, et quelques fleurons sont piqués à leur sommet et sur chaque face du chaton. — xiii⁰ siècle.

89. Bague ecclésiastique anglo-saxonne, en or massif, du xiv⁰ siècle. — Chaton surélevé, serti d'un grenat cabochon. Anneau plat, sans décor. Trouvée à Toulouse.

90. Bague en or massif, le chaton figurant un écu en pointe, allongé et serti d'un saphir cabochon. Quatre griffes maintiennent la pierre. — xiv⁰ siècle.

91. Bague en or massif, le chaton élevé et serti d'une turquoise en cabochon. Le fond du chaton figure un quatre-feuilles, et ses parois sont soutenues par quatre peltes, servant de griffes. Anneau biseauté. — xiv⁰ siècle.

92. Bague en or. — Chaton élevé, à monture close et ciselée, enchâssant un jaspe rouge antique, de forme ovale (têtes affrontées d'un Romain et de sa femme ; commencement du iii⁰ siècle). Le haut de l'anneau porte aussi quelques ciselures. — xiv⁰ siècle.

93. Bague d'or du xiv⁰ siècle. — Chaton élevé, à monture close et garnie de quatre griffes qui maintiennent un petit saphir cabochon.

94. Bague d'or à chaton élevé, triangulaire et renfermant un grenat cabochon. L'anneau est un fil d'or, terminé par deux pattes qui sont soudées au chaton. — xiv⁰ siècle.

95. Bague d'or du xiv⁰ siècle, le chaton serti d'une améthyste en cabochon. L'anneau est un simple fil d'or.

96. Bague en argent. — Chaton à monture close, octogonal et à quatre griffes qui maintiennent un grenat cabochon. — xiv⁰ siècle.

97. Bague d'or du xiv⁰ siècle, le chaton élevé, formant un écu en pointe et renfermant une turquoise en cabochon. L'anneau est formé par un fil d'or.

98. Petite bague en or, le chaton en entonnoir, muni de quatre griffes et enchâssant une améthyste en cabochon. L'anneau est un simple fil d'or. — xv⁰ siècle.

99. Bague en or, du xvᵉ siècle. — Chaton en forme de calice, renfermant un joli rubis en cabochon. Le fil d'or de l'anneau se termine par deux pattes soudées au chaton.

100. Bague en or. — Chaton en forme de coupelle, sertie d'un petit camée en grenat (tête de chérubin tourné de trois quarts à gauche). Les pattes de l'anneau sont biseautées et légèrement fourchues. — xvᵉ siècle.

101. Petite bague en or, le chaton en entonnoir, figurant un cœur et serti d'un rubis taillé à facettes. L'anneau est formé par un fil d'or. — xvᵉ siècle.

102. Bague en or, du xvᵉ siècle. — Le chaton, en forme de calice, a perdu sa pierre.

103. Bague en argent. — Le chaton figure un quatre-feuilles découpé, ayant en cœur une fleur à quatre pétales qui, à son tour, supporte un petit losange échancré. Sur l'anneau, des quatre-feuilles taillés d'épargne et alternant avec des fleurettes cruciformes. L'émail est parti. — xvᵉ siècle.

104. Bague en argent. — Écusson hexagonal, figurant un lion rampant. — xvᵉ siècle.

105. Bague en cuivre doré. — Écusson hexagonal (couronne de feuilles entourant un écu en pointe). Anneau à nervure, tout ciselé, et les attaches taillées à facettes.

106. Bague en argent. — Anneau en torsade ; écusson rond, ayant pour décor une croix fourchue et cantonnée de quatre pointes de flèche, le tout dans une couronne de feuilles. — xvᵉ siècle.

107. Bague en argent. — Écu en pointe, chargé de trois étoiles ; anneau mouluré. — xvᵉ siècle.

108. Bague en or. — Chaton à monture close, en forme de berceau, enchâssant un cristal de roche en table biseautée. Rinceaux ciselés sur le chaton et les montants de l'anneau. — xvᵉ siècle.

109. Bague en or massif. — Chaton dentelé, serti d'une perle ; sur les montants de l'anneau, des alvéoles peu profonds, destinés à recevoir de l'émail. — XVIᵉ siècle.

110. Bague en or, le chaton élevé et muni d'un grenat en cabochon. Les attaches de l'anneau, très élargies, figurent, en relief, des oiseaux stylisés, vus de dos. — XVIᵉ siècle.

111. Bague en or. — Le haut de l'anneau se bifurque et soutient un cercle d'or garni de perlettes d'or, dans lequel est enchâssé un camée de la Renaissance, en sardonyx. Cette pierre représente une tête imberbe, à gauche, coiffée d'un béret.

112. Bague en or. — Chaton à monture close, godronnée et renfermant un camée en sardonyx (l'archange saint Michel, vainqueur du dragon). Les montants de l'anneau, ciselés et ajourés, figurent des têtes de bélier et des rinceaux. — XVIᵉ siècle.

113. Anneau en or massif. — Sur sa face externe on voit, d'un côté, un petit grenat en table, entouré de quatre cavités rondes ; du côté opposé, une petite turquoise en cabochon est cernée de quatre cavités en forme de croissants. — XVIᵉ siècle.

114. Petite bague en or, ayant pour chaton une sphère ajourée. Le cercle médian de cette sphère est orné d'un rang de perlettes d'or ciselées ; l'anneau est un simple fil d'or. — XVIᵉ siècle.

115. Bague en argent doré, le chaton serti d'une chalcédoine antique (sujet de la gravure : Vénus victrix). Attaches biseautées et ciselées. — XVIᵉ siècle.

116. Bague en argent, le chaton façonné en tortue, l'anneau plat, enjolivé de moulures et de stries. — XVIᵉ siècle.

117. Bague en argent. — Chaton hexagonal, à deux degrés (gravure : buste drapé, vu de face ; style barbare). Au haut de l'anneau, de chaque côté, un ornement de même style.

118. Anneau en argent. — Sur le devant, en relief, un cœur percé de deux flèches et accosté de deux paires de mains jointes. — XVIᵉ siècle.

119. Bague de mariage, en argent, formée de trois anneaux qui tournent autour d'un pivot. Sur le devant, deux mains jointes, amorties par deux petites chrysolithes cloisonnées. — xvie siècle.

120. Bague en or, le chaton en forme de pyramide tronquée. Au centre, une pâte de verre rouge, en table biseautée, entourée de godrons en or; le bas du chaton est émaillé de bleu et de blanc. Anneau plat, les attaches découpées et munies, chacune, d'une nervure, dont le prolongement sert de griffe. — xviie siècle.

121. Petite bague en or émaillé. — Le chaton, à jour, figure, en émail blanc, une tête de mort posée sur deux tibias en sautoir. De chaque côté, un alvéole avec une rose. L'une de ces pierres manque, et l'émail des montants de l'anneau est tombé. — xviie siècle.

122. Petite bague en or. — Chaton carré, formant boîte pour abriter une miniature, le couvercle en cristal de roche. Anneau formé de trois fils d'or et amorti par deux fleurs de lis ciselées et incrustées de petits diamants. — xviie siècle.

123. Bague à jet d'eau (*squirt-ring*). — Anneau en or creux, avec chaton surélevé, en entonnoir, garni de quatre strass en tables biseautées, entre lesquels est ménagée l'ouverture d'un petit tube. Ce tube communique avec l'anneau, lequel, à son tour, s'adapte à un cylindre en argent, long de 35 millimètres et muni d'un couvercle, dont le bouton se prolonge en clou et se termine par un piston. — xviie siècle.

124. Bague d'or avec un grenat chevé, en cabochon (sujet de l'intaille : buste de griffon). L'anneau est formé d'une lamelle étroite, les attaches se bifurquent pour soutenir le chaton.

125. Bague en or, le chaton serti d'un joli camée en turquoise (tête de chérubin) et bordé d'un grènetis, les montants de l'anneau finement ciselés. — xviie siècle.

126. Bague en or massif. — Chaton ovale, à tranche perlée, représentant

un écusson surmonté d'un trèfle et portant les lettres AI enlacées par un ruban. — XVIIᵉ siècle.

127. Intaille antique montée en bague d'or. — C'est une agate rouge mouchetée de blanc (*sujet* : un buste de femme drapée et diadémée). Chaton cerné de fines dentelures qui servent de griffes; anneau mouluré.

128. Très petite bague en or, figurant un serpent qui se mord la queue. Les yeux du reptile sont incrustés de turquoises; ses écailles sont ciselées sur les deux tiers de l'anneau. — XVIIᵉ siècle.

129. Bague en or. — Les deux extrémités de l'anneau, finement ciselées, se dépassent et sont enveloppées d'un ruban émaillé de bleu. — XVIIᵉ siècle.

130. Bague en or massif. — Sur l'écusson, dont les angles sont arrondis : une légende arabe, la croix de Jérusalem, le temple du Saint-Sépulcre avec sa coupole, et en exergue le mot *Jérusalem* en hébreu. — XVIIᵉ siècle.

131. Petite bague en or, figurant un serpent qui se mord la queue. Le reptile a les yeux incrustés de diamants; sa queue est ajourée.

132. Bague en or, avec un camée du XVᵉ siècle, en cornaline blonde, représentant un buste de femme voilée. La monture du chaton est close et godronnée; l'anneau s'amortit par deux pattes ajourées et ciselées. — XVIIᵉ siècle.

133. Bague en argent. — Le chaton, doré, renferme un camée en agate, représentant la Circoncision. Sur les montants de l'anneau, quelques imbrications enjolivées de globules. — XVIIᵉ siècle.

134. Bague d'alliance, formée de quatre bagues mobiles en argent doré. Sur la première est soudée une main gauche découpée, vue du côté de la paume et les doigts repliés; sur la quatrième, une main droite qui s'insère dans la première. Ces deux mains s'amortissent par des volutes découpées. Les ciselures des quatre anneaux sont variées. — XVIIᵉ siècle.

135. Bague en argent. — Chaton ovale, renfermant une miniature en émail (Paysan portant une hache sur l'épaule ; devant lui, un cheval blanc, sellé, et une maisonnette). Anneau à deux tiges, qui se bifurquent pour soutenir le chaton. — xviie siècle.

136. Bague en plomb. — Écu couronné, entouré d'un collier d'ordre et posé sur des drapeaux. Anneau mouluré. — xviie siècle.

137. Bague d'alliance, en ivoire. — Deux mains jointes, l'anneau en torsade. — xviie siècle.

138. Bague en or, enchâssant une intaille sur jaspe sanguin (*sujet* : Achille assis pleurant la mort de Patrocle ; devant lui, Antiloque debout). En exergue : SIRIES F. — Monture moderne.

   Louis Siriès, le graveur le plus célèbre de son époque (1747-60), était directeur du Musée de Florence et orfèvre de Louis XV. Cette pierre est un de ses ouvrages les plus admirés. King, *Antique gems and rings*, p. 438 (the mourning Achille seated).

139. Bague en or, portant deux écus ovales juxtaposés (aigle impériale et trois glands) sous une couronne comtale ; enjolivements du temps de Louis XV. Les montants de l'anneau sont annelés et ciselés. — xviiie siècle.

140. Bague en or massif. — Écusson carré, à angles coupés ; il y est gravé un écu arrondi, entre deux palmes, chargé de trois maillets sur fond de sable et surmonté d'une couronne de marquis. — xviiie siècle.

141. Bague en or. — Le chaton, en forme de cœur et couvert d'un cristal de roche, renferme un buste, au repoussé, tourné de trois quarts à droite. Il est accosté de quatre pâtes de verre et surmonté d'une coquille et d'une guirlande de fleurs, ajourée. Des losanges, alternant avec des fleurettes, sont ciselés sur l'anneau, et quatre autres fleurettes font saillie au-dessous des pâtes. A l'intérieur, un poinçon avec le chiffre xxx. — xviiie siècle.

142. Bague en or. — Chaton octogonal, renfermant sous cristal de roche les lettres P D entrelacées et se détachant sur un fond blanc laiteux. — Époque de Louis XV.

143. Bague en or. — Chaton ovale, presque orbiculaire, serti d'une agate gravée (chiffre dans un encadrement). — XVIIIᵉ siècle.

144. Camée antique (sardonyx à trois couches) monté en bague d'or. — *Sujet* : deux lapins courant à gauche. Anneau à rainure, les attaches bifurquées et ornées chacune d'une feuille ciselée.

145. Bague en or. — Tige double, entrelacée dans le haut et ornée de deux petites palmettes.

146. Petite bague en or, avec une cornaline oblongue sur laquelle est gravé le mot *Louise*. — XVIIIᵉ siècle.

147. Bague en or, sertie d'un grand camée en agatonyx, qui représente un portrait de femme, en capeline, du temps de Louis XV. — Monture moderne.

148. Bague en or, copiée exactement sur la bague grecque de Thessalonique (n. 1). — On y a serti un camée en rubis balais, provenant du Palais d'Été, et représentant un beau buste d'adolescent, le manteau sur les épaules, la tête coiffée d'un casque, dont le cimier est figuré par un dragon. — Époque de Louis XIV.

149. Bague en or. — Le chaton enchâsse un camée en agatonyx (buste de femme à gauche, du XVIIᵉ siècle). Monture moderne.

150. Bague en or, renfermant un camée en sardoine (tête du Christ, de face et nimbée. Au revers, en creux, une crosse abbatiale). — XVIIᵉ siècle, monture moderne.

151. Grand camée en agatonyx, ovale, serti dans une bague d'argent. Il est de la Renaissance (XVIᵉ siècle) et représente un homme barbu, de trois quarts à droite et coiffé d'une bandelette.

152. Bague en or. — L'écusson porte les lettres : b M, l'anneau est légèrement évidé et garni d'une tresse de cheveux. — XIXᵉ siècle.

153. Petite alliance en or. Pas de décor.

154. Bagues diverses, en argent et en cuivre, la plupart fragmentées.

ORFÈVRERIE

ARGENTERIE

ETC.

ORFÈVRERIE & ARGENTERIE

155-156. Deux clochettes en or estampé, ayant fait partie du trésor de
Tarse. Elles représentent, dans l'ordre suivant, les douze travaux
d'Hercule :

Première clochette : le lion de Némée, l'hydre de Lernes, le sanglier
d'Érymanthe et le roi Eurysthée se réfugiant dans un tonneau, la
biche cérynitique, Hercule tenant l'arc et une flèche (pour com-
battre les oiseaux de Stymphale), enfin la reine des Amazones.

Deuxième clochette : L'étable d'Augias, le taureau de Crète, les cavales
de Diomède, les bœufs de Géryon, Cerbère enchaîné, l'arbre des
Hespérides.

Les figures sont en relief d'assez forte saillie, et reciselées ; les
poignées forment des losanges biseautés et forés ; les battants
manquent, mais leurs bélières subsistent.

Trouvées, vers 1863, à Tarse, avec les beaux médaillons d'or de
la Bibliothèque nationale (*Revue numismatique*, 1868, p. 332) et
publiées par Frœhner, *Musées de France*, pl. 38. Les anciens attri-
buaient aux clochettes une vertu talismanique.   *Planche* IV.

Haut. et diam. : 0.028.

157. Petit buste d'une *Tutela* de ville, drapée et coiffée d'une couronne
murale. Tête d'épingle, en or, trouvée à Vienne (Isère) en 1868
et publiée par Frœhner, *Musées de France*, pl. 38, 5. — Haut. : 0.015.
Planche II.

158. Figurine d'Harpocrate, en or. — Elle représente un enfant nu, debout
et appuyé sur un cep de vigne, coiffé du pschent, la tresse à la tempe
droite, l'index de la main droite à la bouche, une corne d'abondance au bras gauche. — Haut. : 0.021.

159. Petit coq, tête d'épingle en or estampé.

160. Boucle d'oreille en or, d'ancien style grec. — Elle se termine par une tête de lionne, amortie par une collerette et une frise de godrons en fils d'or rapportés.

161. Autre boucle d'oreille en or, incomplète, ornée d'une tête de bouquetin, dont l'une des oreilles est garnie d'un grenat cabochon.

162. Collier romain, du Bas-Empire, en or. — Il se compose de dix-neuf polyèdres en or estampé, réunis au moyen de petits œillets. — Long. : 0.378.

163. Pendant de cou, de travail romain. — C'est un petit camée ovale en agatonyx, figurant le buste drapé de l'impératrice *Julia Domna*, femme de Septime-Sévère. Il est serti dans une feuille d'or à teinte rouge, enjolivée de rinceaux et de points clos en relief. La bordure, ajourée et en or jaune, se compose d'un rang d'arceaux séparés par des pointes au nombre de deux ou de trois. Revers clos ; au sommet, une bélière ciselée avec son anneau de suspension ; dans le bas, un crochet.

164. Phalère antique, montée en or, pour servir de pendant de cou. — Elle est en chalcédoine et représente un masque d'enfant. La monture, close, porte sur sa tranche un double rang d'annelets en relief ; la bélière est ciselée.

165. Grande fibule en or, de style étrusque. — Elle a la forme d'une nacelle, et sa gaîne s'amortit par une tête de bélier. La nacelle a quatre arêtes longitudinales, perlées et garnies, chacune, de deux rangs de denticules en grenaille. Le dessus de la gaîne porte le même décor, et, sur sa tranche supérieure, douze cupules sont placées dans des bordures de perles d'or et coiffées de perles d'or. La tête de bélier, dont le poil est figuré par un semis de grenaille microscopique, a une collerette en filigrane, et un clou d'or la rattache au bas de la gaîne. — Long. : 0.148.

166. Petit support de vase, de style étrusque, en or estampé. — Les pieds,

au nombre de trois, sont coudés, couronnés de têtes de lion et ornés d'annelets et de nervures en filigrane. Trois têtes de bélier sont placées dans les interstices. Le cercle supérieur, également filigrané, se rabat sur le devant en feuilles découpées, et les mêmes feuilles reparaissent plus bas, autour d'un disque fixé entre les trois coudes des montants. Ce disque représente, en bas-relief, une Victoire à gauche, tenant une palme et une couronne. — Haut. : 0.072.

167. Collier de style étrusque en or estampé; six lézards et dix moitiés de melons servent de pendentifs.

168. Masque de Méduse, de style étrusque, en or estampé; pendant de collier.

169. Petite amphore en or estampé et semé de grenaille. Style étrusque.

170. Grande agrafe en or, de l'époque franque. — Elle figure un disque ombiliqué, orné de dix-sept pâtes jaunes, rouges et vertes. Ces pâtes, montées dans des cloisons, diffèrent de forme et de grandeur. Au centre, s'élève la cloison d'une pâte jaune, simulant une topaze en cabochon; elle est entourée de huit petites pâtes planes, dont quatre triangulaires; sur le bord, quatre autres grandes pâtes en cabochon alternent avec quatre pâtes planes, taillées en losange. Champ semé d'entrelacs en filigrane; bordures en torsade. Huit clous d'argent fixent la feuille d'or sur un disque en cuivre. Diam. : 0.045. *Planche* IV.

171. Agrafe mérovingienne en or. — Sur un fond semé de fleurettes s'élèvent trois cloisons rondes et une cloison triangulaire qui, au lieu d'être garnies de pâtes, sont ornées de dessins estampés. Tranche en biseau, bordée de cordonnets. — Haut. : 0.032.

172. Petit collier mérovingien, en or estampé. — Il se compose de deux colonnettes et de quatre barillets. Les premières, à six pans coupés, sont placées sur des bases et surmontées de chapiteaux corinthiens; chaque barillet est orné de ciselures et de six cloisons garnies de pâtes planes, rouges et vertes. — Long. : 0.20.

173. Boucle française du XIIIe siècle, en or martelé. — Elle forme un cercle,

d'où s'élevaient dix cloisons (dont deux sont perdues) ressemblant
aux pointes d'une couronne radiée. Six de ces cloisons sont garnies
de petits rubis en cabochon ; deux autres sont doubles et enchâssent
chacune un rubis et un saphir. A l'intérieur du cercle et dans les
interstices des cloisons se développe, disposé avec beaucoup de goût,
un rameau de feuilles et de fleurs découpées et reciselées. Le revers
a pour ornement une couronne de feuilles, dont l'or se détache sur
un fond niellé. — Diam. : 0.045.   *Planche* IV.

174. Très belle boucle française en or, du xiiie siècle. — Trois rubis et trois
saphirs en cabochon y sont sertis dans des cloisons très élevées,
dont deux, les plus grandes, sont ornées de feuillages ciselés.
— Diam. : 0.033.   *Planche* IV.

175. Autre boucle du xiiie siècle, à huit cloisons élevées, enchâssant autant
de rubis en cabochon et alternant avec six petits calices en or, garnis
chacun d'une perle fine. — Diam. : 0.027 sur 0.030. *Planche* IV.

176. Petite boucle de la même époque, ornée de vingt cloisons, dont les
pierres sont perdues, sauf une seule, une prime d'émeraude en
cabochon. — Diam. : 0.016.

177. Petite boucle française, en or, du xiiie siècle. — Elle a pour décor deux
cloisons en forme de calice, enchâssant un rubis et un saphir en cabochon. Légende : IEP VꝸO NEL RLI. — Diam. : 0.015.

178. Boucle du xive siècle, en or. — Légende : ꝸVIE (*sic*) ꟽꝸRI
ꝏRꝸ |p]LEꝺꝸ I· Huit perles fines sont rivées sur le cercle. —
Diam. : 0.024.

179. Boucle en or, du xive siècle. — Sur la face antérieure : quatre perles
fines, deux paires de mains jointes ciselées et la légende (en taille
d'épargne) : ꟼVI ꟼIꟼ EI ꟼNI OMI. Au revers, une seconde
légende, gravée : VEI ꝸꝺRꝸꝏꝸVN | ꝸM. Ce sont des ana-
grammes. — Diam. : 0.023.

180. Boucle en or. — Légende : ꝹEVM TIME ET MꝸNDꝸ[ta] EVIS
(*sic*) OBSERVꝸ. Bordure ciselée. — xive siècle. — Diam. : 0.025.

181. Boucle en or. — Légende : ✠RV ꝺLVꝸ TEMIGP VGꝹEI ꝺTE,

divisée en cinq groupes par quatre fleurons poinçonnés. Torsade
en bordure. ℞ en taille d'épargne, non niellée. — XIVᵉ siècle. —
Diam. : 0.025.

182. Petite boucle en or. — Légende en taille d'épargne : **VIMD:EINVI-
MID·VILM**. Bordure striée. — XIVᵉ siècle. — Diam. : 0.018.

183. Boucle minuscule en or. — Légende en taille d'épargne : **DELIPER·
CEGPARRIMABEᵀ** (fleuron). ℞ Feuilles de lierre et fleurons
poinçonnés. — XIIIᵉ siècle. — Diam. : 0.010.

184. Petite boucle en or, décorée de quatrefeuilles ciselés et de deux
mains faisant le geste de la prière. Sur la tranche biseautée, les
lettres : **LIV | VL** et **VL | IV**. — XIVᵉ siècle. — Long. : 0.021.

185. Boucle en argent. — Légende : **AVE MARIA GRACIA**, inter-
rompue par quatre fleurons poinçonnés et dorés. Bordure striée. —
XIVᵉ siècle. — Diam. : 0.044.

186. Quatre boucles en argent, portant la légende : *Ave Maria*.

187. Sept boucles en argent et deux en cuivre, portant des anagrammes,
des mots cabalistiques, etc.

188. Pendant de cou, en argent doré. — On y a enchâssé un camée de
l'époque carlovingienne, en chalcédoine chevée, représentant une
tête imberbe, de face. La bordure est sertie de trente-deux petits
rubis, et au revers, un châssis de couvercle indique que l'objet renfermait une relique.

189. Pendeloque formée de deux petits camées adossés, en agatonyx, figurant deux bustes italiens de la Renaissance. Monture en or. —
Haut. : 0.013.

190. Petite pendeloque en or estampé. — D'un côté, le Christ en croix ; de
l'autre, la Sainte-Vierge. — Traces d'émail. — Haut. : 0.015.

191. Pendeloque en forme de cœur, en or filigrané et ajouré. — Un chiffre
en fils d'or y est abrité par deux plaques de cristal de roche et surmonté d'une couronne fleurdelisée. — Haut. : 0.019.

192. Pendeloque en or émaillé, figurant le tombeau de Manuel. Pyramide tronquée, dressée sur une base et ornée d'une couronne. Sur le devant, un médaillon (buste à gauche) à la légende : **MANUEL DEPUTE**; dessous et au revers, deux palmes croisées; sur chaque face latérale, un **M**. Cette pendeloque renfermait une relique, probablement une mèche de cheveux. — Haut. : 0.020.

193. Noble d'or d'Édouard III, roi d'Angleterre. — Bordure torse, en or, avec bélière. — xive siècle.

194. Camée du xvie siècle, en agatonyx, représentant un buste de femme, de face, décolleté. La monture est en or émaillé, du même temps, et orné de trois petits rubis. — Haut. : 0.032.

195. Camée en agate blanche, représentant le buste de Henri IV, cuirassé et de trois quarts à droite, copié sur la médaille de Dupré. Jolie bordure ovale en or émaillé. — Haut. : 0.035.

196. Cachet-pendeloque en or estampé, rouge et jaune. — Il enchâsse une intaille sur cornaline (buste d'un personnage de la fin du xviiie siècle). La monture, en forme de clochette à quatre pans coupés, est ornée de quatre décorations de l'ordre du lis. A la base, une couronne de laurier.

197-198. Deux boutons figurant, l'un la tête d'Antinoüs (à droite), l'autre la tête de Bacchante du Capitole (à gauche), en or estampé sur fond bleu. Bordure feuillagée, monture close, en or. — Époque du premier Empire. — Diam. : 0.025.

199. Figurine de moine faisant le geste de la prière. Or massif. — xviie siècle.

200. Petit vase cannelé, du xviie siècle, en argent doré. Feuillage ciselé autour du col. — Haut. : 0.034.

201. Broche en cuivre doré. — Grande agate ovale, sur laquelle sont gravées, en deux frises, sept têtes romaines du ier siècle. On y distingue les effigies laurées de Caligula et de Claude; les autres représentent des femmes et de jeunes princes de la famille impériale. — Travail barbare.

202. Bracelet gaulois en potin. — La face externe est ciselée, et les deux
extrémités sont amorties par des polyèdres ciselés. — Diam. : 0.065.

203. Joli petit masque de Bacchus enfant, en argent repoussé, le front ceint
d'une couronne de lierre dorée. — Haut. : 0.029.

204. Paire de boucles d'oreilles en argent. — Tige torse, ornée d'un demi-
gland fermé et de ciselures.

TRÉSOR DE FELTRE

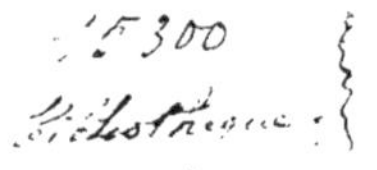

Les objets suivants (n° 205, *a-k*) ont été trouvés dans la vallée de Feltre (province de Bellune), ou plus exactement au lieu dit *Canaletto*, au-dessus du village d'Arten, dans les ruines d'un vieux château. Le trésor fut porté à Paris, à l'Exposition universelle de 1878. Une brochure, publiée plus tard, relate toutes les circonstances de la trouvaille (*I bacini di re Geilamiro scoperti in Arten di Feltre.* Feltre, 1885) et contient une ode en seize strophes, dont voici un échantillon :

> Foggiati a ornar d'un Vandalo
> re le superbe soglie,
> la gloria dell' argentea
> materia in noi si accoglie,
> ma del metallo il pregio
> è vinto dal lavor.

L'importance du trésor n'est pas discutable. Un plateau d'argent qui porte le nom du dernier roi des Vandales, Geilamir (530-534), sera toujours un monument historique de premier ordre. On connaît plusieurs disques du même genre, dont le plus célèbre est celui de l'empereur Théodose, au Musée de Madrid. Le disque de Valentinien, trouvé près de Genève en 1721, aura été fondu ; un troisième, au nom de Thorismund, roi des Wisigoths et vainqueur d'Attila, n'est mentionné que dans une chronique du moyen âge.

Après sa défaite, Geilamir fut envoyé à Constantinople, et sa vaisselle d'or devint l'attrait principal du triomphe de Bélisaire. Il est probable que la vaisselle d'argent fut distribuée aux officiers qui avaient pris part à l'expédition contre les Vandales, et qu'un de ces officiers revint avec son butin dans la vallée de Feltre, son pays natal. Mais l'inscription n'est pas favorable à une telle conjecture ; elle ne veut pas dire que le plateau d'argent appartenait à Geilamir. En comparant les légendes similaires, on acquiert la certitude qu'il s'agit d'un don fait par le roi lui-même à quelque grand dignitaire, soit vandale, soit byzantin.

205ᵃ. Grand plateau (*missorium*), monté sur un pied peu élevé. Au centre, une étoile gravée et cernée d'un ruban qui porte la légende : **+ GEI-LAMIR REX VANDALORVM ET ALANORVM** en lettres incisées avec soin et espacées régulièrement. Rebord demi-cylindrique. — Diam. : 0.495. Poids : 3 kilogr. 30 grammes.   *Planche* V.

A. de Longpérier, *Œuvres complètes*, t. VI, p. 255 (*Gazette arch.*, t. V, p. 53 ; pl. 7). — *Ephemeris epigr.*, t. V, p. 426.

205^b. Plateau en argent. Le sujet, travaillé au repoussé et repris à la pointe, représente les amours de Vénus et Adonis.

Adonis, debout à droite, les jambes croisées, s'appuie sur un épieu de chasse. Il porte une chlamyde sur les épaules, et ses pieds sont chaussés d'endromides. Un lévrier, paré d'un collier, est assis derrière lui, la tête tournée vers son maître.

En face d'Adonis, on voit Vénus debout, presque nue ; sa main gauche levée tient un pan de draperie, sa droite présente une fleur à l'adolescent. Un petit Amour sans ailes est placé entre les deux figurines ; il regarde la déesse et, d'un geste, lui annonce la présence du jeune chasseur.

Exergue : une coupe entre deux colombes battant des ailes.

Tous les accessoires sont gravés ou ornés au burin, non seulement le collier, les armilles, les bracelets de Vénus et les brodequins d'Adonis, mais les dessins des draperies, quelques détails anatomiques, les enjolivements de la coupe et du cippe placé derrière la déesse, les plantes qui poussent autour des colombes.

Au ℞, on distingue un graffite indiquant le poids du métal : ℞ III ⁻ SSI ४ I, ce qui veut dire 3 livres (λίτραι), une once, un scrupule et une obole, en tout plus d'un kilogramme. Cependant, le poids actuel du plateau n'est que de 853 grammes. — Diam. : 0.29.

Style du Bas-Empire, Ve siècle.   *Planche* VI.

Stephani, *Compte rendu* 1875, p. 71.

205^c. Petite coupe en argent, montée sur un pied semblable à celui du *missorium*. Elle n'a d'autre décor qu'une frise de glands de hêtre gravée autour de l'orifice, extérieurement. Un annelet central, entouré d'un cercle mouluré, se voit au fond de la coupe. Au revers, deux sigles graffitées (**ON?**).

Haut. : 0.063. Diam. : 0.105.   *Planche.*

205^{d-k}. Quelques bronzes trouvés avec l'argenterie de Geilamir, mais n'ayant aucun rapport avec elle :

d) Figurine de Mars, nu et casqué, la main droite tendue en avant, l'autre abaissée et forée. Travail très barbare. — Haut. : 0.076.

e-h) Quatre petites fibules, dont une en forme d'arbalète et ornée de points clos.

i) Ardillon de boucle, portant un poinçon de fabricant, en relief, illisible.

k) Petite hache (*secespita*) votive, taillée dans une feuille de bronze, avec anneau de suspension au bout du manche. — Long. : 0.068.

206. Bracelet mérovingien en argent. — Lame plate, ornée de points clos, les uns isolés, les autres groupés par sept. Fermoir orné d'un réseau à jour, arrondi et accosté de six œillets. — Diam. : 0.091.

207. Petit outil en argent doré, servant de cure-oreille, de cure-dent et de cure-ongle. Au milieu, une figurine drapée est agenouillée, passant les bras autour de la tige et y appuyant la tête. — xvıᵉ siècle. — Haut. : 0.073.   *Planche* II.

208. Treizain de mariage. — Petite boîte en argent. Sur le dessus du couvercle : une couronne de pensées et de myosotis en relief; sur le tour de la boîte et du couvercle : un rang de fleurs de lis en relief. On y a mis une maille de Mahault, comtesse d'Artois, mais la boîte est du xvᵉ siècle. — Haut. : 0.008. Diam. : 0.013.

209. Treizain de mariage. — Petite boîte en argent, du temps de Louis XIII. Sur le couvercle sont gravées deux mains jointes, tenant chacune un cœur, et la devise : LA·FOY·NOVS·VNNIS. On y a placé 14 deniers pour épouser, d'une époque bien plus ancienne. — Haut. : 0.013. Diam. : 0.020.

CAMÉES

210. Beau camée, représentant le buste drapé, à gauche, de Marie de
Médicis. — Agatonyx à deux couches; monture en argent. —
— Haut. : 0.032.

211. Petit camée antique en agatonyx. Sujet : le bon moissonneur avec sa
faucille; deux figurines au second plan.

212. Camée ovale, en agate rose. L'adoration des rois mages. — xviiᵉ siècle.
Monture en or.

213. Camée ovale en agatonyx à deux couches (blanc opaque sur blanc
transparent). Buste à droite de l'empereur Caracalla, avec la cuirasse et le paludament. — Renaissance. — Haut. : 0.042.

214. Six grands camées modernes en pierre tendre : Hercule au repos, tête
du Christ, Guill. Farel, Louise-Françoise de Drevon (1738), Marie
Lesczinska, et buste lauré.

215. Camées et intailles non catalogués.

216. Buste lauré et drapé (à gauche) de l'empereur Constantin Pogonat,
en relief sur une plaque d'ambre. Légende gravée en creux :
CONSTANTIN⁹ BARBAT⁹ CÆSAR. Au ℞. une légende allemande
en six lignes. — xviᵉ siècle. Monture en argent doré. — Haut. : 0.057.

VERRE CHRÉTIEN

217. Médaillon d'une coupe cimitériale chrétienne à fond d'or (IVe siècle).
Il représente les bustes de deux époux, de face, l'homme portant
la toge laticlave, la femme, une robe à bords brodés. Légende :
PIE ZESES. Fleurettes dans le champ; bordure radiée et ponctuée.
— Diam. : 0.083.

SCEAUX

SCEAUX

----

218. Sceau assyrien en saphirine, dans une monture en or. — *Sujet* : Roi
debout, étranglant une chimère. La pierre et sa monture sont à
huit pans coupés, et cette dernière est coiffée d'une bélière. —
Haut. : 0,026.

219. Petit cachet d'or à double face, du Bas-Empire. — D'un côté, un
monogramme certainement byzantin, en creux, composé des lettres
grecques **TPΛ**. Au ℞, également en creux : **+ NOT** (rétrograde) et **ⲤⲱMⲀO** autour d'un masque barbare. — Le cylindre qui
réunit les deux rondelles du cachet, est percé de part en part. —
Diam. : 0,014.

    Trouvé à Vitry, près d'Arras (Pas-de-Calais).

Dancoine, *Bull. de la Commission départementale des antiquités du Pas-de-Calais*,
1881, p. 6. — M. Deloche, *Revue arch.*, 1886, t. II, 312.

220. Grande bulle en or, de Philippe II, roi d'Espagne (1556-98). —
+PHILIPPVS D·G·REX CAST·ARAG·LEG·V·S·HIER·TOL·
VAL·GALL·MA·SAR. Le roi assis, de face, sur un trône, et tenant
le sceptre et le globe surmonté de la croix à double croisillon. ℞
+ COMES BARC : DNS·VIZ·ET MO·DVX ATH·ET NEOP·
COMES ROSS·ET CER. L'écu de Sardaigne, écartelé et chargé de
quatre têtes de Maures couronnées. — Tranche ciselée. — Diam. :
0,062.

221. Contrescel en or, de forme orbiculaire, le manche à six pans coupés.
— Casque orné d'un lion assis et d'un vol; de chaque côté, une tête

de cerf, de face. — XIV⁰ siècle. — Diam. : 0,013. Haut. : 0,022.
Planche II.

222. Écusson en or. — C'est un écu pointu, taillé d'épargne et chargé d'une
bande qui porte les lettres **abcd**; autour, sur fond de sable : **ma · fe.
confect**. Les points sont remplacés par des poinçons carrés et fleu-
ronnés. L'angle droit supérieur manque. — Haut. : 0,033.

223. Cachet en or, aux armes des Conti. — XVIII⁰ siècle. — Manche ajouré
et ciselé. Étui en cuir noir, clouté d'argent.

224. Cachet ovale, en or (XVIII⁰ siècle). — Écusson couronné, à bordure
sculptée; de chaque côté, un griffon assis. — Haut. : 0,019.

225. Cachet en or, du XVIII⁰ siècle, portant la lettre *J* fleuronnée.

226. Boite en argent doré, renfermant, sous verre, deux empreintes du sceau
de Louis d'Orléans (plus tard Louis XII), duc de Milan. Le dessus de
la boite est richement orné d'une guirlande de myosotis, en applique,
et un décor analogue, mais ajouré, en fait le tour. — Diam. : 0,092.

227. *Jeanne d'Angleterre* (sœur de Richard Cœur de lion), reine de Sicile,
morte à Rouen en 1199. — Sceau ogival, en argent. ✠ S̄ REGINE
IOĥE FILIE QVONDᾹM ĥ REGIS ᾹNGLORVM. La sainte
Vierge debout, couronnée et tenant à la main droite une fleur de
lis. — Trouvé dans les ruines de l'abbaye de Grandselve, avec le
numéro suivant qui y était rivé. — Haut : 0,086. — Au sommet,
un rivet; dans le bas, une bélière.   *Planche* VII.

227ᵃ. *La même*, duchesse de Narbonne, comtesse de Toulouse, marquise de
Provence. — ✠ S IOĥE DVCISSE NᾹRĥ COMITISSE TĥOL̄
MᾹRCĥISIE PROV· Jeanne assise de face, tenant à la main
une croix florencée. — Haut. : 0,086. — Au sommet, une bélière;
dans le bas, un rivet.   *Planche* VII.

228. Grand sceau, en argent, de Charles le Téméraire. — S̑ · fecretum ·
ĥaroli · ducis · burgundie · lotĥaringie · brabancie · limburgie ·
luyembutgie · coit' · fland. Écu heaumé, soutenu par deux lions et
entouré du collier de la Toison d'or. Dans le champ, six briquets.

— Sceau orbiculaire avec poignée ajourée et chaînette. — Diam. : 0,064.

229. *Lusignan* (Charles de). — CHA·DE·S^r·GILAIS·DE·LVSIGNAN·DV· PVY·SEIG·DE·S^r·GELAIS·CHERVEVS·ET·DV·COVDRAI. Écu surmonté d'une sirène et accosté de deux sirènes. — XVIIe siècle. — Argent. — Diam. 0,049.

230. *Falet* (Manuel). — Cachet en argent, enchâssant une intaille antique en agate blanche (*sujet* : pavot et deux épis entre deux cornes d'abondance). ✠ · SIGILLVM : MANVELIS : FALETI. — XIVe siècle. — Bélière tréflée.

231. Sceau ovale, en argent, enchâssant une intaille antique en cornaline (*sujet* : tête d'Hercule barbu). Légende : ✠·S·SOFFREDI·NO-RARDI. — XIVe siècle. — Haut. : 0,020.   *Planche* II.

232. Sceau en argent. — Il a la forme d'un écu en pointe, chargé d'un étendard et de deux étoiles. Légende : ✠ IVDEX·SINDOLFVS· ADEMARIDES. — XIVe siècle. — Haut. : 0,030.

233. *Sergien* (Toginat de). — S'·TOGINAT·DE·SERGIEN. Écu heaumé. — XIVe siècle. — Argent, bélière quadrilobée.

234. *Thouars* (Milon de). — S'·MILONIS·DE·ThOVARCIO. Écu dans un encadrement gothique. — Argent, bélière tréflée. — XVe siècle.

235. *Cachet à devise*. — Deux mains tenant un cœur; autour : me fye. — Petit sceau octogonal avec bélière, argent. — XVe siècle.

236. *Negremont* (Jehan de). — iehan·de·negromo·f·d·v. Écu heaumé, timbré d'une tête laurée et soutenu par un griffon et un lion. — Argent. — XVIe siècle.

237. *Julliet* (A.), vicomte de... — A·IVLLIET·VICE·C·NVS·A. Écusson. — Argent. — Charnière ciselée. — XVIIe siècle.

238. Deux cachets en or et plus de 70 cachets en argent, des XVIIe, XVIIIe et XIXe siècles, la plupart avec leurs poignées ajourées et ciselées, quelques-uns munis de boîtes cylindriques.

239. Deux cachets du xviiie siècle, dont l'un en cristal de roche, l'autre en agate. — Cachet en cristal de roche, monté en pendeloque, du xixe siècle.

240. *Louis d'Orléans* (plus tard Louis XII), duc de Milan, seigneur de Cesena. — (Étoile) ❦ : Loys : duc : dorleans : de·millan·f·de fezanne. Ange, de face, tenant l'écu écartelé d'Orléans et de Milan, entre deux palmes. — xve siècle. — Diam. : 0,053.

241. *Condé* (Louis de Bourbon, prince de), comte de Valfry. — LOYS : DE : BOVRBON : PRINCE DE CONDE·CONTE·D·VALFRY. Écusson entouré d'un collier d'ordre. — Cuivre jaune. — xviie siècle. — Diam. : 0,045.

242. *Cour de l'évêché de Spoleto.* — + : SIGILLVM : CVRIE : EPISCOPA-TVS : SPOLETANI. La Vierge à l'enfant sous un dais gothique. — Cuivre jaune, ogival. — xive siècle. — Haut. : 0,065.

243. *Attainville* (juridiction d'), appartenant aux Célestins de Paris. — S' DE·LA·IVRIDICTIO D ATAIVLLE (*sic*). Saint debout sous un dais gothique; semis de fleurs de lis. — xve siècle. — Manche conique, à pans coupés ; bélière ajourée.

   Charmant petit sceau de la collection Charvet (*Catalogue de vente, n° 728*).

244. *Couvent à Castelnaudary* (?). — S·CONVEN·CASTRINOVI. La Vierge à l'enfant, debout. — Sceau rond, à douille. — xviie siècle.

245. *Lucas* (Jacques), doyen de l'église d'Orléans. — S : DOMINI : IACOBI : LVCAS : AVRELIANENSIS : DE : CANI. Sous un dais gothique : la Vierge assise au pied de la croix et tenant le corps du Christ. Dessous, un écusson. — xiiie siècle. — Cuivre jaune, ogival. — Haut. : 0,075.

246. *Jacques de la Clavette*, abbé de Rignac (Bourgogne). — S·FRĪS· IACOBI·DE CLAVETA·ABBAT·MOĪI·DE RIGNIACO·ORD' CIST. L'abbé tenant la croix et l'évangiliaire, debout sous un dais gothique. Dessous, deux écussons. — xive siècle. — Cuivre jaune, ogival. — Haut. : 0,066.

247. *Abbesse de Saint-Étienne de Soissons*. — D·MAGD·DE·VENDOSME·S·
STEPH·SVESS·ABBATISSA. Le saint agenouillé dans un temple;
dessous, écu écartelé. — Ovale. — XVIIe siècle. — Haut. : 0,058.

248. *Abbesse des Clarisses de Trécourt*. — S' SOROIS·AGNES·ABB·
TRECVRICEP·ORD'·S·CLARE. Sur fond quadrillé : le Christ
assis, couronnant sainte Claire; au-dessus, une église; au-dessous,
l'abbesse en prière. — XVe siècle. — Diam. : 0,031.

249. *Algisius*, pénitencier du pape. — S' FRIS : ALGISII·DPI·PP :
PEPITETIARII. Homme agenouillé devant un moine tenant des
verges. — Cuivre jaune, ogival. — XIVe siècle. — Haut. : 0,039.

250. *Aubert* (Robert), clerc. — S' ROBERTI·AVb'TI·CL'I. Le clerc
agenouillé devant la Vierge à l'enfant et tenant un cierge. — Bélière.
— XIVe siècle.

251. *Baure* (Jacques de), clerc. — ✠ S' IACOBI·DE·BAVRE·CL'ICI·
Aigle à droite, dévorant un petit oiseau. — Bélière. — XIVe siècle.

252. *Bitizac* (Pierre), desservant. — ✠ P : BITIZAC·S'VART·DE·
LEVILLE·DE·BEI. Fleur de lis. — Cuivre jaune, avec contrescel. — XVe siècle.

253. *Boulenger* (Nicolas), prêtre. — S'·NICbOLAI·BOLENG·PBRI·DE·
NAOVRS. Buste de la Vierge à l'enfant; dessous, un adorant et le
mot AVE. — Cuivre jaune, ogival, avec bélière. — XIVe siècle. —
Haut. : 0,042.

254. *Frère Jehan Brunet*. — S' FRIS·IOb'IS·BRVPET. Dans une bordure
gothique : écu chargé de l'Agneau pascal. — XIVe siècle. — Sceau
conique, à écusson mobile.

255. *Frère André Naceron*. — S' F·ADREAS·PACEROP. Saint André,
debout, tenant sa croix; branches fleuries dans le champ. —
XIVe siècle.

256. *Scorel* (Jehan), clerc. — ✠ S'·IOb'IS·SCOREL·CL'ICI. Bélier.
— XIVe siècle.

257. *Marguilliers de Frênes* (Normandie). — S·des·marguefies·de·
frenes. Saint debout, mitré et tenant une doloire. — XVe siècle.

258. *Prévôté de Hareflot.* — ✠ S' PREPOSITVRE : DE ḢẊREFLOTO. Deux écussons au-dessus d'un pont à trois arches. — xive siècle. — Cuivre jaune, avec bélière. — Diam. : 0,037.

259. *Cour de Méricourt* (Picardie). — S' CVRI' ƆE MERICOVRT. Saint Martin à cheval, à gauche, partageant son manteau avec un pauvre. — Sceau conique. — xive siècle.

260. *Angle* (Guichart d'), — GVICḢẊRT DẊꝆƓLE. Écu sous un casque couronné et timbré d'un vol; de chaque côté, une balance. — Manche percé d'une ouverture en forme de trèfle. — xiiie siècle.

261. *Aubigny* (Jehan d'). — S' IEḢẊN·DẊVBIƓNI. Écusson. — Manche conique. — xive siècle.

262. *Belley* (Guillaume de), Bourgogne. — Ꙅ gviꝉꝉarme ꝺe Ꝃeꝉꝉeyo. Écu heaumé, timbré de deux têtes de coq. — Argent, à charnière. — xvie siècle.

263. *Beuvillier* (Nicolas Lejays de), conseiller du roi et contrôleur de ses comptes. — M^e·N·LEIAYS : D̄ BEVVILLIER CŌ D̄ ROY CŌR D̄ SES CŌPTES. Écusson. — Sceau avec son manche et son contrescel (l'écusson seul). — xvie siècle.

264. *Bouvel* (Jehan), chevalier. — ieḣan Ꝃouueꝉ. Écu heaumé, timbré d'un vol et d'une tête de bœuf. Dans le champ : cḣr. — xve siècle.

265. *Braine* (Thibaut Boulengier de), Picardie. — S' PREVOVTE FEME TEBAVT BOVLĒGIER DE BRAIꝆE. Fleur de lis. — Bélière. — xve siècle.

266. *Caines* (Jehan des). — SEEL·IEḢẊꝆ·DESCẊIꝆES. Écusson. — Bélière tréflée. — xive siècle.

267. *Charonne* (Guiot de), Ile-de-France. — ✠ S̄ GVILLOT·DE·CḢẊ-ROꝆE. Colombe à gauche tenant un rameau; fleur de lis dans le champ. — Ogival, avec bélière. — xive siècle.

268. *Chauvenière* (Gautier de), Normandie. — Ꙅceꝉ·ieḣ(a)n(?)·gaꝉtier· ꝺe·cḣauenieꝛes. Écusson. — xve siècle.

269. *Covebueil* (Baudouin de). — ✠ **LE SCEL MO BAVDOVIR DE COVEBVEIL.** Basilic et trois fleurs de lis. — xve siècle.

270. *Derteford* (Adam de). — ✠ **S' ADE DE DERTEFORD.** Pélican nourrissant ses petits. — Ogival, avec bélière. — xive siècle.

271. *Gaillart.* — ✠ **S' GAILLART.** Fleur de lis. — xive siècle. — Bélière tréflée.

272. *Gaillart* (Catherine). — **S : de · dame · katherine · Baillart · dame · de · fire.** Écusson. — xvie siècle. — Diam. : 0,055.

273. *Gastine* (Guill. de la), Ile-de-France. — **S' GVILL'I : DE GASTIRA** (croissant). Dans un encadrement gothique : deux bustes (homme et femme) réunis par la base du col. — Ogival. — xive siècle.

274. *Gisors* (Robin de), Normandie. — ✠ **S' ROBIR DE GIZORS.** Deux oiseaux perchés sur une tige fleurie. — xve siècle.

275. *Guillaumet* (Gaifre), chevalier. — **S GAIFRE GVLIAVMET ChE.** Écusson dans une bordure gothique. — xive siècle. — Bélière tréflée.

276. *Hamelaincourt* (Gillain d'), Artois. — ✠ **S' : GILLAIR : DE : hAME-LAIR h'OVRT** (sic). Lion combattant un dragon. — xive siècle. — Cuivre jaune, avec bélière.

277. *Herbouville* (Jehan), Normandie. — **S' : iehan herbouiffe.** Écu heaumé. — xive siècle. — Bélière en quatre-feuilles.

278. *Hoginotte* (Pierre). — **S' · pierre hoginotte.** Écusson. — xive siècle.

279. *Hursin* (Charles Juvenel). — **S' CHARLES IVVENEL HVRSIN.** Écu heaumé, soutenu par deux quadrupèdes. — xvie siècle.

280. *Lainicourt* (Gérard de). — **S' GERART DE LAIRRICORT.** Écusson. — xive siècle. — Manche à perforation quadrilobée.

281. *Lalens* (Jehan de). — **IEhAR DE LALERS.** Écu dans une bordure gothique quadrilobée. — xve siècle.

282. *Laucourt* (Barbe de). — **Seel·barbe de·faucourt**. Écu heaumé, soutenu par deux quadrupèdes. — xve siècle.

283. *Lefort* (Henri). — ✠ hANRI LEFORT. Ciseaux, poinçon. etc. — xve siècle.

284. *Lestaldart* (Simon). — ✠ S'·SIMON·LESTALDART. Écusson. — xive siècle.

285. *Lombart* (Jehan le). — ✠ S̄ IEhAN·LE·LOMBART. Pélican nourrissant ses petits. — Cuivre jaune, ogival, avec bélière. — xive siècle.

286. *Mesnage* (Michel). — S·MICHIEL·MESNAGE. Ange debout, de face, tenant l'écusson. — Sceau rond à charnière. — xviie siècle.

287. *Montelon* (Guillaume de). — ANAGR·GVIL·DE MONTELON· IACQVELINE·MARESCHAL·CHASTE·MARIAGE. Et sur une seconde ligne : ENMIELE·DVQVEL·LON·LOVE·LAMOVR· IEAN·DE·POL·DI. Écusson entre deux palmes; bordure godronnée. Les mots *chaste*, etc. forment l'anagramme des deux noms propres. — Cuivre jaune, orbiculaire. — xviie siècle. — Diam. : 0,064.

288. *Pavie* (Jacquemin de). — S' IACOMIN·DE·PAVIE. Aigle éployée. — xive siècle.

289. *Personne* (Pierre le). — S' PIERRE LE PERSONNE. Écu chargé de trois maillets. — Sceau conique, bélière tréflée. — xive siècle.

290. *Rouart* (Jehan). — **Jehan Rouart**. Truelle marquée d'une croisette; de chaque côté, une boule et une palme; dessus, une fleur de lis. — xve siècle.

291. *Roy* (Gillet le). — **Gillete le Roy**. La Vierge à l'enfant, sous un dais gothique; plus bas, un écusson. — Cuivre jaune, ogival. — xve siècle. — Haut. : 0,051.

292. *Sacqueney* (Henri de), Bourgogne. — HENRY·DE·SAQVENEY. Écusson. — xvie siècle. — Manche ciselé.

293. *Saint- Ne[ctaire?]* (Demoiselle de). — S DAMOISELLE VILDRE DE SAICT NE. Femme debout, portant un faucon sur la main. — Cuivre jaune, ogival. — xive siècle.

294. *Saux* (Omar Egliers de). — ✠ S' AVMAR EGLIERS·D'·SAVZ. La Vierge debout, portant l'enfant Jésus et un lis. — xive siècle. — Bélière tréflée.

295. *Vivonne* (Henri de), écuyer. — S·hERRI·DE VIVORRE·ESC· Écusson dans une bordure gothique. — xive siècle. — Bélière tréflée.

296. *Anonyme.* — Écu couronné, sous heaume et se détachant sur une draperie semée de fers de flèche. Sur la tranche, le nom du graveur : F. VOCQVET. — xviie siècle. — Diam. : 0,044.

297. ✠ AVE·MARIA·GRACIA·PLE. Lis entre deux oiseaux. — Ogival. — xive siècle.

298. *Contrescel.* — Sit·nomen·dni·bene·dictvm. Écu écartelé. xvie s.

299. Environ 80 sceaux de bronze du moyen âge et des temps modernes.

300. Quelques empreintes de grands sceaux du moyen âge, en cire. — Empreinte du sceau de l'ordre de Saint-Michel 1664. — Empreinte d'un sceau de Catherine de Médicis, comtesse d'Auvergne.

ANTIQUITÉS DIVERSES

301. Victoire debout sur un globe, les ailes éployées, une palme à la main
gauche. — Figurine gallo-romaine en bronze, sur sa base antique.
— Haut. totale : 0,091.

302. Sacrificateur romain, la tête voilée, une patère à la main droite, le simpule (brisé) à l'autre. — Bronze gallo-romain. — Haut. : 0,088.

303. Poteries gallo-romaines trouvées à Paris (Gobelins, Arènes de la rue
Monge, rues Gay-Lussac et Scipion, boulevards Arago et Saint-
Marcel).

304. Fragments de revêtements de coffrets, en argent ciselé, en ivoire
sculpté et en cuivre émaillé, trouvés à Gironde, dans le tombeau
mérovingien d'un jeune homme qui ne serait autre que Childebert,.
roi d'Austrasie, neveu de sainte Gulfetrude. — Voir la bague d'or,
n° 18.

305. Tête de Marc-Aurèle jeune, en marbre blanc. Antique, sauf le nez. —
Haut. : 0,32.

306. Buste de Julia Domna, femme de Septime-Sévère. Marbre blanc. La
tête seule est antique. — Haut. : 0,70.

MÉDAILLES ARTISTIQUES

FRANÇAISES

MÉDAILLES ARTISTIQUES FRANÇAISES

ROIS ET REINES. PRINCES DU SANG

307. **Charles VIII** (1483-1498). — CAROLVS·VIII·FRANCORVM
IERVSAL·ET·SICIL·REX. Buste drapé, à gauche, coiffé d'un
bonnet et paré d'un collier d'ordre. ℞. incus. — Diam. : 0,041.

308. **Charles VIII et Anne de Bretagne.** — + FELIX : FORTVNA :
DIV : EXPLORATVM : ACTVLIT : 1493. Buste drapé et couronné
dans un semis de fleurs de lis. ℞. + R : P : LVGDVNEN : ANNA :
(lion) REGNANTE : CONFLAVIT. Buste drapé et couronné dans
un champ semé de fleurs de lis et d'hermines. — Argent. —
Diam. : 0,038. — *Trésor de Numismatique*, t. I, pl. 3, 5. — Belle.

309. **Anne de Bretagne**, femme de Charles VIII, et le dauphin **Charles-
Orland.** — ET : NOVA : PROGENIES : CELOC (*sic*) : DIMIT-
TITVR : ALTO : 1494. La reine, assise de face, avec sceptre et
couronne, tenant dans son bras gauche le jeune prince qui porte un
dauphin. Champ semé de fleurs de lis et d'hermines. ℞. (Fleur de
lis) VIENNA : CIVITAS : SANCTA : MARTIRVM·SAN-
GVINE : DEDICATA. Écusson entre deux dauphins, sous un
laurier. — Argent doré. — Diam. : 0,073. — Armand, t. II, 301.
— T. B. *Planche* VIII.

310. **Louis XII** (1497-1515). — Buste drapé, à gauche, le bonnet paré
d'une enseigne. ℞. lisse. — Diam. : 0,035.

311 . **Louis XII et Anne de Bretagne.** — + FELICE · LVDOVICO · RE-GNĀTE · DVODECIMO · CESARE · ALTERO · GAVDET · OMNIS · NACIO (lion passant à gauche). Buste drapé et coiffé d'un béret fleurdelisé. Fond semé de fleurs de lis. R̷. + LVGDVN̄ · RE-PVBLICA · GAVDĒTE · BIS · ANNA · REGNANTE · BENIGNE · SIC · FVI CONFLATA · 1499 (même lion). Buste drapé, voilé et couronné, à gauche. Fond semé de fleurs de lis et d'hermines. — Diam. : 0,112. — T. N., t. I, pl. 5, 1.

312 . **François Iᵉʳ, dauphin.** — FRANCOIS · DVC · DE · VALOIS · COMTE · DANGOLESME · AV · X · AN · D · S · EA (*au xᵉ an de son âge*). Buste drapé, à droite, avec une enseigne au chapeau. R̷. NOTRISCO · AL BVONO · STINGO · EL · REO · MCCCCCIIII. Salamandre. — Diam. : 0,064. — T. N., t. I, pl. 6, 4. — B.

313 . **François Iᵉʳ** (1515-1547). — FRANCISCVS · I · D · G · FRANCOR̷ · REX. Buste drapé, de trois quarts à gauche, coiffé d'un chapel. R̷. SALVS · PVBLICA. Hygiée debout à gauche, tenant un sceptre et donnant à boire à un serpent. — Médaille hybride en argent. — Diam. : 0,035.

314 . Buste lauré, à gauche, revêtu d'une cuirasse ciselée. R̷. incus. — Diam. : 0,074.

315 . Buste drapé, à gauche, nu-tête et barbu. R̷. lisse. — Diam. : 0,044. — T. N., t. I, pl. 10, 4.

316 . FRANCISCVS · I · CHRISTIANISIMVS (*sic*) · REX · FRANCOR̷ . Buste drapé, à gauche, coiffé d'un bonnet et paré du collier de l'ordre de Saint-Michel. R̷. NVTRISCO · EXTINGO. Dans une vasque, la salamandre sous couronne. Monogramme du graveur. — Diam. : 0,050. — T. N., t. I, pl. 7, 4. — T. B.   *Planche* VII. Armand, t. I, 127 (*Pomedello*, nº 5).

317 . FRANCISCVS PRIMVS · F · R · INVICTISSIMVS. Buste cuirassé, à gauche. R̷. Le roi assis, à droite, sur une chaise curule et couronné par Mars et la Victoire. Exergue : VIRTVTI · REGIS · INVICTIS-SIMI. — Diam. : 0,043. — T. N., t. I, pl. 8, 5. — B.

318. FRANCISCVS·I·FRANCORVM·REX. Buste lauré et cuirassé, à gauche; devant, un sceptre. R̸. FORTVNAM VIRTVTE DEVI-CIT. Le roi, à cheval, terrassant une femme nue. BENVENV. F. Cuivre doré. — Diam. : 0,040. — T. N., t. I, pl. 8, 7. *Planche* VII.
Armand, t. I, 147 (*Benvenuto Cellini*, n° 3).

319. FRANCISCVS·I·FRANCORVM·REX·C' 43. Buste du roi, avec un chapeau à plumes. R̸. DISCVTIT HĀC FLĀMĀ : FRĀCISC9 ROBORE MĒTIS ŌNIA P̄VĪCIT·RERV̄ ĪMERSABILIS V̄D. Dans une couronne de laurier : la salamandre sous couronne. Signature du graveur : L. N. — Diam. : 0,042. — T. N., t. I, pl. 9, 5.

320. **François dauphin** (1518-36)· — FRANCISCVS FRANC DELPHI· BRITĀ·DVX·I. Buste drapé, à gauche, coiffé d'un chapel. R̸. lisse· — Diam. : 0,050. — T. N., t. I, pl. 6, 3. — T. B. *Planche* IX.

321. **Angoulême** (Charles, duc d'), 3e fils de François Ier (1522-1545). — 1535. **CAROL:ENGOLIS:DVX ANNORVM** 14. Buste drapé, à dr., coiffé d'une toque. R̸. lisse. — Diam. : 0,070. *Planche* IX.

322. **Diane de Poitiers**. — DIANA DVX VALENTINORVM CLARIS-SIMA. Buste décolleté, à gauche, avec un collier de perles. R̸. OMNIVM VICTOREM VICI. Diane, à droite, le pied posé sur l'Amour. — Diam. : 0,052. — T. N., t. I, pl. 46, 1.

323. Médaillon ovale, la tète de profil à dr., le buste de face, diadème, voile et collier en forme de chaîne. R̸. incus. — Bronze doré. — Haut. : 0,057. — B.

324. **Henri II** (1547-1559). — HENRICVS·II·GALLIARVM REX INVIC-TISS·PP. — Buste lauré et cuirassé. R̸. OB RES IN ITAL· GERM·ET GAL·FORTITER AC FOELIC·GESTAS. La Victoire et l'Abondance assises sur le quadrige de la Renommée. EX VOTO PVB, 1552. — Argent. — Diam. : 0,053. — T. N., t. I, pl. 12, 1. — B.

325. Même face. R̸. mêmes légendes. La Paix et l'Abondance debout sur le char de la Renommée. — Diam. : 0,055.

326. HENRICVS·II·FRANCORҜ REX·INVICTISS⁹·PP. Buste lauré et cuirassé. Ҟ. COPIA·LAVRO ET·FAMA·BEARVNT·TE·NV̄IA (*numina*). Sujet analogue au précédent, mais la Victoire et l'Abondance assises. — Cuivre doré. — Diam. : 0,052. — T. N, t. I, pl. 11, 5.

327. HENRICVS II DEI G F REX. Buste lauré et cuirassé, 1558; deux monogrammes. Ҟ. Le roi agenouillé devant le crucifix; à droite, son cheval. — Médaille carrée en argent doré, avec bélière. — Haut. : 0,045.

328. HENRICVS II D·G·FRAN·REX. Buste cuirassé et casqué. Ҟ. SVA CIRCVIT ORBE FAMA, 1551. La Renommée, debout sur un globe. — Argent. — Diam. : 0,035. — T. N., t. I, pl. 12, 5.

329. OPTIMO PRINCIPI HENRICO II FRANC R CHRISTIANISS. Buste cuirassé et coiffé de la couronne fermée. Ҟ. Légende en huit lignes : « *Mediom*(atricis) *liber*(atis) *obsid*(ione), *Car*(olo) V *imp*(eratore) *et German*(is) *oppug*(nantibus), *Francis*(co) *a Lothor*(ingia) *duce Guis*(iae) *fœliciss*(imo) *propug*(natore), 15(écusson)52. — Diam. : 0,035. — T. N., t. I, pl. 13, 6. — B.

330. HENRICVS· II· GALLIARVM·REX·INVICTISS PP. Buste à gauche, cuirassé et coiffé d'une toque; dessous, 1566. Ҟ. incus. — Plomb. — Diam. : 0,088. — Comp. T. N., t. I, pl. 14, 4.

331. HENRICVS·DEI·GRATIA·REX·FRANCORVM. Buste à droite, avec la pelisse fourrée et la toque. Ҟ. incus. — Diam. : 0,068. B.

332. HENRICVS·II·GALLIARVM REX : INVICTISS·PP. Buste lauré et drapé. Ҟ. Deux armées en présence ; le roi donne la main à l'empereur. — Diam. : 0,053. — T. N., t. I, pl. 13, 7. — TB.

333. Même légende. Buste lauré et cuirassé. Ҟ. Dans une couronne de laurier, inscription en neuf lignes : « Restituta rep. Senenisi (*sic*), liberatis obsid(ione) Mediomat(ricis), Parma, Mirand(ola), Sandami, et recepto Hedinio, orbis consensu 1552 ». — Diam. : 0,054. — T. N., t. I, pl. 12, 2.

334. **Henri II et Catherine de Médicis.** — HENRICVS·II·GALLIAR·REX· INVICTISS·PP. Buste lauré et cuirassé. ℞. KA·REG·HENR·II· VX·FRANC·ET·CAROL·REG·MATER·CELEB. Buste drapé et voilé, à gauche. — Argent. — Diam. : 0,038. — T. B.

335. Même face, avec GALLIARVM. ℞. KATHARINA DE MEDICIS REGINA FRANCORVM. Buste drapé, à gauche, 1555. — Bronze doré. — Diam. : 0,055. — Comp. T. N., t. I, pl. 14, 5.

336. **Henri II, Catherine et Charles IX.** — + HENRICVS·II·GALLOR· REX·INVICTIS·ET·CATHARINA·EIVS·VXOR. Bustes affrontés de Henri II et Catherine. ℞. CAROLVS·IX·GALLOR·REX· EORVM·FILLIVS (*sic*). Buste lauré, drapé et cuirassé, de Charles IX. — Diam. : 0,037. — T. N., t. I, pl. 17, 3.

337. **Henri II, Charles-Quint, César et Lucrèce.** — Quatre bustes conjugués, dont deux laurés et revêtus de cuirasses ciselées : celui de Henri II(HENRICVS·II·F·R)et de Charles-Quint (CAROLVS·V· I·A·A·B·D). Le buste de César (DIVI IVLI) est lauré et drapé ; le quatrième a pour légende LVCRETIA. Dans le bas : I· ROERIÆR⁹· F. ℞. incus. — Argent. — Diam. : 0,044. — T. N., t. I, pl. 14, 3 (du texte) et 14, 2 (des planches). — T. B.

338. **Henri II et François II.** — Bustes géminés et cuirassés du roi et du dauphin. Henri II a la tête laurée. ℞. Bustes géminés de Charles-Quint et de Philippe II. — Médaille ovale en argent, avec bélière. — Haut. 0,033. — T. N., t. I, pl. 14, 1. — B.

339. Même face. ℞. Buste de Bacchante, à droite. — Médaille ovale, dans une bordure de bois.

340. **Catherine de Médicis.** — KATHARIN·D·G·FRANCORVM· REGINA, 1589. Buste drapé et voilé, à gauche. ℞. ARDOREM· EXTINCTA·TESTANTVR·VIVERE·FLAMMA. Pluie inondant un brasier. — Diam. : 0,050. — T. N., t. I, pl. 23, 3.

341. **François II et Marie Stuart** (1559-1560). — Buste du roi, à dr., cuirassé et entouré d'une auréole gravée en creux qui devait être émaillée. ℞. Buste drapé de Marie Stuart, à gauche. — Médaillon ovale en cuivre doré, avec une épaisse bordure de fleurs. — Haut. : 0,051.

342. **Marie Stuart**. — MARIA·STOVVAR·REGINA SCOTIÆ·ET ANGLIÆ Buste drapé. R). lisse. — Diam. : 0,069.

C'est probablement une médaille de *Primavera*.

343. **Charles IX** (1560-1574). — Buste drapé, à droite, avec la toque, le manteau quadrillé et à col relevé. — Médaillon ovale en plomb. — Haut. : 0,081.

Vente de Montigny.

344. CAROLVS·IX·DEI·G·FRANCORVM·REX·CHRIS. Buste lauré et cuirassé. R). Quadrige de la Renommée, conduisant la Victoire et la Paix. EX VOTO PVB, 1568. — Diam. : 0,044. — T. N., t. I, pl. 18, 4. — T. B.

345. CAROLI·VIIII·FRANCORVM·REGIS. Buste lauré, cuirassé et drapé. R). ADVENTVS LVT(*etiae*). Le roi à cheval, sous un baldaquin, faisant son entrée dans Paris. Exergue : 1571. — Argent doré. — Diam. : 0,037. — T. N., t. I, pl. 18, 6. — T. B.   *Planche* IX.

346. VIRTVS·IN·REBELLES. Le roi assis sur un trône, de face, tenant l'épée et la main de justice, les pieds posés sur les cadavres de trois huguenots ; dans le champ, une tête coupée. R). PIETAS· EXCITAVIT·IVSTITIAM. L'écusson de France entre deux pilastres. Exergue : 24 AVGVSTI 1572. — Argent. — Diam. : 0, 037. — Comp. T. N., t. I, pl. 19, 3 et 4. — B.

347. **Charles IX et Élisabeth d'Autriche**. — CAROLVS·IX·D·G·FRANCORVM·REX·INVIC. Buste lauré et cuirassé, à gauche, 1572. R). ELIZABETH·D·G·FRANCORVM·REGINA. — Buste drapé, à gauche. — Diam. : 0,037. — T. N., t. I, pl. 19, 2.

348. **Élisabeth d'Autriche**, femme de Charles IX. — ELIZABETH·DG· FRANC·REG·CHRISTIANISS. 1575. Buste drapé, de trois quarts, à gauche. R). incus. — Plomb avec bélière. — Diam. : 0,171.

349. **Henri III** (1574-1589). — HENRICVS·III·D·G·FRANC·ET·POL· REX. Buste lauré et cuirassé, 1578. R). + TALIS ALEXANDRI MVNDVM MODERANTIS IMAGO. Le roi à cheval. — Argent. — Diam. : 0,032. — T. N., t. I, pl. 22, 4.

350. HENRICVS PIVS·D·G·FRANCORVM·ET·POL·REX. Buste lauré
et drapé. R⁄. C(*arolus*) B(*enoise*) PIIS·MANIBVS·DOMINI·SVI,
1627. Le cœur du roi, couronné, est déposé sur un autel qui porte
l'inscription : COR REGIS IN MANV DNI. De chaque côté, un
prêtre debout. — Argent. — Diam. : 0,034. — T. N., t. I, pl. 38,
1. — B.

351. **Henri III et Catherine de Médicis.** — HENRICVS·III·D·G·FRAN-
CORVM·ET·POL·REX. Buste lauré et cuirassé. R⁄. KATH·
HENR·II·VX·HEN·III·FRAN·ET·POL·REG·MAT·AVGV.
Buste drapé et voilé, à gauche. — Argent. — Diam. : 0,041. —
T. N., t. I, pl. 20, 4 et 23, 4 (revers). — B.

352. **Alençon** (François, duc d'), quatrième fils de Henri II (1554-1584).
— FRAN:F:FRAN:ET FRA VNIC REG·D·G:DVX BRA:
ZC·CO·FLAN·ZC. Buste drapé, à droite, avec la fraise. R⁄.
incus. — Diam. : 0,041.

353. **Charles X, cardinal de Bourbon** (1589 † 1593). — CAROLVS·X·
D·G·FRANCOPVM (*sic*)· REX. Buste drapé, à gauche, coiffé de
la calotte et de la couronne fermée. R⁄. OMNIA·IN·MANV·
DOMINI. Le cardinal, agenouillé devant son prie-dieu, est couronné par une main sortant du ciel. — Diam. : 0,067. — T. N.,
t. I, pl. 24, 4.

354. Même légende, avec FRANCORVM; même buste, à gauche, 1590. A
(monnaie de Paris).R⁄. REGALE SACERDOTIVM. Sur un autel :
la crosse, la mitre, un calice, la couronne, le sceptre et la main de
justice. — Argent. — Diam. : 0,033. — T. N., t. I, pl. 24, 3. —
B.

355. **Henri IV** (1589-1610). — HENRICVS·IIII·D·G·FRAN·ET·NA·
REX. Buste lauré et cuirassé. R⁄. DISCVTIT·VT·COELO·
PHOEBVS·PAX·NVBILA·TERRIS. Laboureur dans son champ;
au-dessus, le soleil chassant un nuage. — Argent doré. — Diam. :
0,047. — B.

356. HENRICVS·IIII·D·G·FRANC·ET·NAVAR·REX. Buste lauré, drapé
et cuirassé. 1604. R⁄. MAIESTAS·MAIOR·AB·IGNE. Le roi assis

en face de la reine et lui donnant la main; entre eux, un autel allumé; au-dessus, un nuage rayonnant, 1604. — Argent, avec bélière. — Diam. : 0,055. — T. N., t. II, pl. 2, 3. — T.B.

357. HENRICVS·IIII·FRANCOR·ET·NAVAR·REX. Buste lauré et cuirassé, à gauche, 1594. — R/. IVS·DEDIT·ET·DABIT·VTI. Trois épées couronnées, parées d'une auréole, de lauriers et de palmes. — Argent. — Diam. : 0,042. — T. N., t. I, pl. 28, 4. — T. B.

358. Même légende, avec FRANCOR. Même buste, à droite. CON·BLOC· F. R/. DVO·PROTEGIT·VNVS, 1598. Épée haute, ornée d'une couronne, de palmes et de lauriers; deux sceptres en sautoir, ornés d'écussons couronnés. 1598. — Argent. — Diam. : 0,043. — T. N., t. I, pl. 29, 4.

359. ALCIDES·HIC·NOVVS·ORBI. Buste nu du roi, à droite, coiffé d'une peau de lion. P·DAF·, 1602. R/. OPPORTVNIVS. Hercule, à gauche, tuant un Centaure, auquel il vient d'arracher sa couronne. — Argent. — Diam. : 0,049. — TB.

360. HENRICVS·IIII·D·G·FRANC·ET·NAVAR·REX. Buste cuirassé, 1602. R/. REGIS SACRA FOEDERA MAGNI. Sur une base qui porte l'inscription : EX AVRO FRANCIGENA AN· FŒD·F(*eliciter*)·RENO(*vati*) EFFOSSO, deux colonnes enlacées de lauriers et de palmes et soutenant une couronne. — Diam. : 0,045. — Bronze doré. — T. N., t. I, pl. 31, 2. — B.

361. HENRIC·IIII·D·G·FRANC·ET·NAVAR·REX. Buste lauré et cuirassé, à gauche. G·DVPRE, 1600. R/. PAR·VBIQ·POTESTAS. Diane allant à droite, en sonnant de la conque; elle est accompagnée de deux chiens; derrière, Pluton et le Cerbère. — Médaille hybride. — Diam. : 0,068. — T. N., t. II, pl. 1, 3.

362. HENRICVS·IIII·D·G·FRANCORVM·ET·NAVARÆ·REX et sur une seconde ligne : PAT·RELIG·ET·LIBE·RESTAV. Buste lauré et cuirassé. I·GENTILIS·F·R/. DEVS·DEDIT·ET·DABIT·VTI· 1600. Bras sortant des nuages, armé d'une épée; deux autres épées en sautoir, perçant des nuages; dessous, l'écu de France. — Diam. : 0,045. — T. N., t. I, pl. 29, 6. — B.

363. Buste cuirassé, à gauche, avec la couronne radiée. R̫. TERGEMINIS·
FVLGET·HONORIB(us). Bellérophon tuant la Chimère. —
Diam. : 0,042. — T. N., t. I, pl. 32, 6. — B.

364. HENRICVS·IIII·D·G·FRANCORVM·ET·NAVARÆ·REX. Buste
lauré, à droite, la cuirasse ciselée. G DVPRE F, 1606. R̫. incus.
— Bélière. — Diam. : 0,12?. — B.

365. HANRICVS (*sic*)·IIII·D·G·FRANCOROM (*sic*)·ET·NAVAR·
REX. Buste de trois quarts, à droite, avec manteau et cuirasse ciselée. R̫. incus. — Diam. : 0,101.

366. Même buste, sans légende. — Médaillon ovale dans une bordure ajourée du temps. — Haut. : 0,090.

367. Légende gravée en creux : HENRI IV ROI DE FR ET D NAV LE
BON AMI DES ROCHELLOIS. Buste drapé, à gauche, avec la fraise.
— Cuivre doré, dans une bordure du xviiie siècle, en cuivre ciselé
et doré. — Diam. : 0,059. — B.

368. H·IIII·ROY·D·FRAN·ET·D·NAVAR. Buste lauré et cuirassé, à
droite. — Médaille ovale, en cuivre doré, avec bélière. — Haut. :
0,060. — B.

369. HENRICVS IIII D·G·FRANC·ET NAVAR·REX, 1602 (légende
gravée en creux). Buste cuirassé et drapé, en relief, à droite. HB F.
— Médaillon ovale, en nacre. — Haut. : 0,048.

370. **Marguerite de Valois**, reine de Navarre, 1re femme de Henri IV. —
DIDVCI NEQVEANT GENII QVOS GRATIA IVNXIT. Buste
drapé, à gauche, entre deux palmiers. Dessous : MARGARITA·R·
NAV' FILIA SOROR VXOR REG. R̫. lisse. — Médaillon ovale
avec bélière. — Haut. : 0,059. — T. B.   *Planche X.*

371. Buste drapé, à gauche, avec double collier de perles. R̫. lisse. —
Médaillon ovale. — Haut. : 0,058. Larg. : 0,047.

372. **Henri IV et Marie de Médicis.** — HENRI·IIII R·CHRIST·MARIA·
AVGVSTA. Bustes géminés, le roi en armure. 1603. R̫. PRO-
PAGO·IMPERI. Henri donnant la main à Marie, qui porte le

casque, l'égide et le bouclier de Minerve; entre eux, le dauphin, essayant un casque; dans les airs, un aigle apportant une couronne. — Argent doré. — Diam. : 0,062.

373. Même revers, très grandi, avec la signature : G DVPRE F. R⁄. incus. — Cuivre doré. — Diam. : 0,190. — T. B.

374. HENRICVS ET MARIA FRANC·ET NAVAR·REG. Bustes géminés, à gauche. R⁄. HAVD FLVCTVS, AT ISTE QVIETEM. Dauphin dans un détroit. N·NG·F, 1601. — Argent. — Diam. : 0,061. — T. N., t. I, pl. 30, 6.

375. LILIA·PROPAGANTVR·IN ORBE. Bustes affrontés; dessus, le lis florentin. R⁄. REGNIS·NATVS·ET ORBI. Le dauphin tenant un sceptre et une fleur de lis. — Cuivre doré, avec bélière. — Diam. : 0,041. — B.

376. HENR : IIII CHRIST : R·MARIA AVGVSTA. Bustes conjugués, celui du roi en armure. Exergue : *Simon Passæus* (de Pas) *fecit*. R⁄. Les écus de France et de Navarre sous couronne, entourés des colliers d'ordre de Saint-Michel et du Saint-Esprit. Exergue : *Sim : Passæus Sculpsit*. — Plaquette ovale, en argent, finement gravée en taille douce. — Haut. : 0,066.   *Planche* X.

377. **Henri IV et Gabrielle d'Estrées.** — HENR·IIII·GAL·ET·NAV· REX.CHRIST. Buste coiffé de la peau de lion; dessous : G DV· F. R⁄ GABR·DES·TREZ·DVC·DE·BEAVFORT, 1597. Buste décolleté, à gauche. — Diam. : 0,050. — T. N., t. II, pl. 1, 1. — B.

378. **Estrées (Gabrielle d').** — GABRIELE·DESTREES·DVCHESSE· DE·BEAVFORT. — Buste décolleté, à gauche; dessous, 1597 (le 7 retourné) et D. R⁄. uni. — Diam. : 0,058. — B.

379. **Henri IV et Louis XIII.** — HENRICVS IV FRANC·E[T]·NAVARR· R·CHRISTIANISS. Buste à droite, lauré, cuirassé et drapé. R⁄. LVDOVIC·XIII REX CHRIST[I]ANISS·PIVS·IVSTVS FEL· AVG·CIƆDCXIX. Buste à droite, lauré, cuirassé et drapé. — Diam. : 0,043. — T. B.

380. **Marie de Médicis.** — Légende rétrograde : MARIA AVGVSTA GAL-

LIÆ ET NAVARÆ REGINA. Buste décolleté, à droite, le col en dentelles. G DVPRE F, 1624. ℞. incus. — Bélière. — Diam. : 0,105. — T. B.

381. + MARIA · DEI · GRATIA · FRANCORVM · ET · NAVARAE · RE-GINA. Buste drapé, à droite, avec dentelles et broderies. ℞. SÆCVLI · FOELICITAS, 1610. Couronne royale parée d'une palme, d'une branche de laurier et d'une branche d'olivier. — Argent. — Diam. : 0,050. — T. N., t. I, pl. 33, 3. — T. B.   *Planche* X.

382. MARIA · DEI · GRA · FRAN · ET · NAVAR · REGINA. Buste décolleté, à gauche. ℞. SECVLI · FAELICITAS, 1610. Variante du même motif. — Argent. — Diam. : 0,043. — T. N., t. I, pl. 35, 1. — B.

383. MARIA MEDICEA FRANC · ET · NAVARR · REGENS. Buste drapé et voilé. ℞. CVNCTORVM VOTIS CLERIQ · EQVITVMQ · PA-TRVMQVE. Un prélat, un gentilhomme et un membre du parlement debout devant la France couchée. GALLIA STABILITA, 1614. — Cuivre doré. — T. N., t. I, pl. 34, 4. — T. B.

384. MARIA DE MEDICIS FR · ET · NA · REGINA MATRIS DOMINI FAMVLA. Buste drapé et voilé, à gauche. ℞. Dans une couronne de laurier, incription en huit lignes : Reginæ dei matri matris regum iconem princeps podii Rothomagensis appendit, an. M. VI° XLIIII. — Diam. : 0,065. — B.

385. Légende rétrograde : MARIA AVG · GALL · ET NAVAR · REGINA. Buste drapé, le col en dentelles. G DVPRE F, 1624. ℞. La Mère des dieux entourée des dieux de l'Olympe. Exergue : LÆTA DEVM PARTV. — Diam. : 0,052. — B.

386. **Marie de Médicis et Louis XIII.** — MARIA · AVGVSTA · MED · FR · REG · MODERATRIX. Buste décolleté à gauche, le col en dentelles. ℞. LVDO · XIII · D · G · FR · ET · NA · REX · CHRISTIANISSIMVS. Buste lauré et cuirassé, à droite, 1614. — Argent. — Diam. : 0,043. T. B.

387. LVDOVICVS · XIII · DEI · GRATIA · FRANCORVM · ET · NAVAR-RÆ · REX. Écu de France entre deux palmes; dans le bas, le sceptre

et la main de justice brochant sur un L. ℟. NVTV·MODERAN-
TVR·EODEM. Deux mains semant des pièces de monnaie; dessus,
une couronne rayonnante. Exergue, 1616. — Argent. — Diam. :
0,036. — T. N., t. I, pl, 36, 1. — T. B. *Planche* XV.

388. **Louis XIII** (1610-43). — LVDO · XIII · D · G · FR · ET · NA · REX ·
CHRISTIANISSIMVS. Buste couronné, cuirassé et revêtu d'un
manteau fleurdelisé. ℟. + FRANCIS·DATA·MVNERA·COELI·
17·OCTOBRIS·1610. Main sortant d'un nuage et tenant la sainte
ampoule. — Or. — Diam. : 0,041. — T. N., t. II, pl. 4, 3. — B.

389. LVDO·XIII·D·G·FR·ET·NAVAR·REX·CHRIS. Buste lauré, la
cuirasse ciselée. 1613. ℟. DAT·PACCATVM (*sic*)·OMNIBVS·
ÆTHER, 1613. Marie de Médicis en Junon, assise sur l'arc-en-ciel.
— Argent. — Diam. : 0,057. — T. N., t. II, pl. 5, 2. — T. B.

390. LVDOVICVS·XIII·FRANCORVM·ET·NAVARÆ·REX. Buste cuirassé et drapé, dans une bordure de feuillages et de têtes de chéru-
bins. 1629. ℟. NON MARE NON MONTES FAMAM SED
TERMINAT ORBIS. Le roi en Hercule. Signature : VV. — Argent.
— Diam. : 0,039. — T. N., t. II, pl. 21, 1. — T. B.

391. LVD·XIII·D·G·FRANCORVM·ET·NAVARÆ·REX. Buste lauré
et cuirassé. ℟. POSCEBANT HANC FATA MANVM. Projet de
la façade du Louvre. — Argent. — Diam. : 0,033. — T. N., t. II,
pl. 37, 6. — T. B.

392. Même face. ℟. + DE·LA·3·Pᵀᴱ·DE·Mᴷᴸ·N·DEBAILLEVL·PRE-
SIDᶠ·AV·PARLEM. 1628. Les armes de la ville de Paris. —
Argent. — Diam. : 0,038. — T. N., t. II, pl. 38, 3. — T. B.

393. + LVDOVICVS·XIII·D·G·FRAN·ET·NAVARÆ·REX. Buste
lauré et cuirassé. ℟. VENATV·DIGNVM·REGIO·CANILE·
CONSTRVXIT, 1623. Écu de France-Navarre. — Argent. —
Diam. : 0,039. — T. B. *Planche* X.

394. LVDOVICVS·XIII·D·G·FRANCORVM ET·NAVARÆ.REX. Buste
lauré, cuirassé et drapé. OB·AQVAS·DEDVCTAS. ℟. ABSQVE
TVIS STARET INANIS AQVIS. Vaisseau à trois mâts. —
Diam. : 0,057. — T. N., t. II, pl. 7, 1. — B.

395. LVDOVIC · XIII · REX · CHRISTIANISS · PIVS · IVSTVS · FEL · AVG · CIↃ IↃ CXVII. Buste lauré et cuirassé. ℞. MARTI FRANCORVM PACIFERO. Le roi debout, à gauche, en armure, avec le caducée et la lance. DVELLOR · BARBARIE · SVBLATA. — Diam. : 0,043. — B.

396. LVDOVICVS XIII REX CHRISTIANISS. Buste lauré de Louis XIII en Apollon avec l'arc et le carquois. ℞. SIC CONTERET HOSTES. Apollon tuant le serpent Python. CIↃ IↃ CXVII. — Diam. : 0,050.

397. LVDOVICVS · XIII · D · G · FRANCORVM · ET · NAVARRÆ · REX. Buste à gauche, lauré et cuirassé. ℞. TANDEM · VICTA SEQVOR. La France assise dans un quadrige (à gauche) conduit par la Renommée et suivi de la Victoire. WARIN, 1630. — Bronze doré. — Diam. : 0,072. — T. N., t. II, pl. 21, 3.

398. LVDOVIC · XIII D · G · FRANCOR · ET NAVARÆ REX. Buste à droite, cuirassé et drapé, avec la fraise. G · DVPRE. 1623. ℞. VT · GENTES · TOLLAT · QVE · PREMAT · QVE. La Justice, assise à droite, tenant l'épée et la balance. 1623. — Argent. — Diam. : 0,061. — T. N., t. II, pl. 6, 3.

399. Autre exemplaire, en bronze. — T. B.

400. Autre exemplaire, en bronze.

401. LVDO · XIII · D · G · FR · ET · NAVAR · REX · CHRIS⁹. Buste lauré et cuirassé, avec la fraise. 1617. ℞. EVERTIT · ET · ÆQVAT · XXI · SEPTEMBR. 1613. Vue du Pont Saint-Michel. — Diam. : 0,051. — T. N., t. II, pl. 6, 1. — B.

402. Même face. ℞. NON · MOVEBITVR · FŒDVS · PACIS · MEÆ. Montagne abrupte. MDCXIII. — Argent doré, avec bélière. — Diam. : 0,051. — B.

403. VICIT · VT · DAVID · ÆDIFICAT · VT · SALOMON. Buste drapé et cuirassé, à droite, avec la fraise. 1627. ℞. Légende en dix lignes : « + D · O · M · S · Ludovico, Ludovicus XIII exstruxit an. M · D · CXXVII,

ut, quem auctorem habet generis nominis ac regni, eundem habeat æternæ salutis adiutorem ». — Diam. : 0,060. — T. B.

404. LVDOVIC · XIII · D · G · REX · CHR · GALL · ET · NAVAR · HENR · MAGNI · FIL · P · F · AVG. Buste lauré, avec fraise et cuirasse ciselée. G · DVPRE, 1610. ℞. ORIENS · AVGVSTI · TVTRICE · MINERVA. Marie de Médicis en Minerve, à gauche ; devant elle, le jeune roi, en Apollon, tenant le globe. ANN · NAT · CHR · CIƆ IƆ CX. — Médaille ovale, en bronze doré. — T. N., t. II, pl. 4, 5.

405. LVDOVICVS · XIII · D · G · FRANCORVM · ET · NAVARVM · REX. Buste de Louis XIII enfant, cuirassé, avec la fraise. 1611. C · FREMY. ℞. incus. — Plomb, avec bélière. — Diam. : 0,119.

406. **Louis XIII et Louis XIV.** — LVDOVICVS · XIII · D · G · FR · ET · NAV · REX. Buste lauré. ℞. LVD · XIIII · D · G · FR · ET · NAV · REX. Buste enfantin, cuirassé et lauré. — Diam. : 0,039.

407. **Anne d'Autriche.** — ANNA AVGVS GALLIÆ ET NAVARÆ REGINA. Buste à droite, col en dentelles. G · DVPRE · F, 1620. ℞. incus. — Diam. : 0,06. — T. N., t. II, pl. 6, 4. — T. B.

408. **Anne d'Autriche et Louis XIV enfant.** — ANNA · D · G · FR · ET · NAV · REG · RE · R · MATER · LVD · XIV · D:G · FR · ET · NAV · REG · CHR. Buste drapé et voilé de la reine, portant sur ses genoux le petit Louis XIV. ℞. incus. — Diam. : 0,095. — T. N., t. II, pl. 22, 2. — B.

409. ANNA D · G · FR · ET · NAV · REG. Buste drapé et voilé. ℞. LVD · XIIII · D · G · FR · ET · NAV · REX. Buste enfantin, cuirassé et drapé. VVARIN. — Cuivre rouge encastré dans un cercle mouluré, en cuivre jaune, à l'imitation des médaillons romains. — Diam. : 0,046.

410. **Gaston de Bourbon**, frère de Louis XIII (1608-60), duc d'Orléans. — I · B · GASTON · DVC · DORLEANS. Buste à gauche, avec une peau de lion sur l'épaule droite, 1638. ℞. lisse. — Diam. : 0,074. — B. —

411. GASTON DE FRANCE ONCLE VNIQVE DV ROY. Buste cuirassé et drapé, à droite. ℞. incus. — Diam. : 0,061.

412. GASTO·HENRICI·MAGNI·FILIVS. Buste cuirassé. HARDI·F·R̸.
incus. — Diam. : 0, 035.

413. **Louis XIV** (1643-1715). — *Qu' auo' no' fait, ma main, quelle metamor-phose, Au lieu de peidre Mars, no' auo' peint Louis, Quoy donc, to' nos proiets sont jls euanouis ? Non no, Louis et Mars sont vne même chose.* Buste à droite, drapé et cuirassé, sur une base ornée de masques. En exergue : BERTHINET EX IDEA, 1671. R̸. incus. — Bélière.
— Diam. : 0,164. — T.B.

414. Buste drapé, à gauche, dans une bordure de laurier. *Bertinet scul.* R̸.
incus. — Bélière. — Diam. : 0,138. — T.B.

415. LVDOVICVS·MAGNVS·HEROVM·MAXIMVS. Buste à droite, cui-rassé et drapé. *Bertinet F.* cum priuilegio Regis, 1684. Bordure de laurier. R̸. incus. — Bélière. — Diam. : 0,138. — T.B.

416. LVDOVICVS·MAGNVS·REX. Buste à droite; dessous : c̄u priuile-gio. Double bordure, l'une de godrons, l'autre de lauriers. Entre elles : LVD·MAGNVS·REX·CHRISTIANISSIMVS·HÆRESEῶS·EXTIRPATOR. *J. Bertinet fecit c̄u Priuilegio,*1686. R̸. incus. —
Diam. : 0,128. — T.B.

417. **Fontange** (duchesse de). — MARIE·DESCORAILLE·DVCHESSE·DE·FONTANGE. Buste décolleté, à gauche. DELAHAYE·F.R̸.
lisse. — Diam. : 0,059. — B.

418. **Maintenon** (marquise de). — F·DAUBIGNE·M^{SE} DE MAINTENON.
Buste voilé, de trois quarts, à gauche. Signature : P·Z. R̸. lisse. —
Diam. : 0, 061. — B.

419. **Marie-Anne-Christine** (de Bavière), femme du dauphin, fils de Louis XIV. — MAR·ANN·CHRIST·VICT·LVD·DELPH·CONIVX. Buste décolleté, paré d'un collier de perles. R̸. SPES ET OPES HOSTIVM FRACTAE. Femme en deuil, assise au pied d'un trophée d'armes bavaroises. Exergue : LANDAV·CAPTA MDCLXXVIII. — Bronze doré. — Diam. : 0,063.

420. **Louis XV** (1715-74). — LUD·XV·REX CHRISTIANISS. Tête à dr.,
ceinte d'un bandeau. Graveur : *F. M.* R̸. DEPVLSA MOLE

RESURGET. Mercure relevant une femme (*la Ville de Lyon*) écrasée par une pierre. C·N·ROETTIERS·FILIUS. Exergue : OB ASSERTAM LVGD·AVR·ET·ARG·COMM·LIBERT·EDIC· DEC·1760. — Or. — Diam. : 0,041. — B.

421. **Pompadour** (marquise de). — M^DE LA MARQ^SE DE POMPADOVR. Buste décolleté, à gauche, avec collier de perles. Signature : PESEZ. ℞. lisse. — Diam. : 0,066.

422. **Carousel de 1722.** — Huit acteurs en costume du XVIe siècle, groupés sur deux frises. HPG. ℞. La cour d'honneur du château de Versailles. Sur la tranche : CAROUSELL COMIQUE LE MARDI GRAS 1722. — Argent. — Diam. : 0,049. · B.

423. **Louis** dauphin (1729-65), fils de Louis XV, *et ses cinq enfants.* — Médaillon de *Duvivier*, en bronze doré, avec bélière et anneau de suspension. Il représente la tête du dauphin avec la légende : NÉ EN 1729, MORT en 1765, et au-dessous, les têtes des jeunes princes, numérotées de I à V. Ces numéros se rapportent aux légendes : I D·D·BOURGOGNE, II D D'AQUITAINE, III D D BERRY, IIII C^TE D PROVENCE, V C^TE D'ARTOIS. ℞. lisse, portant les mots : N° 6 POUR M^DE. LA C^SE. D'ARTOIS. — Diam. : 0,131. — T.B.

424. **Marie-Adélaïde**, petite-fille de Louis XV. — Buste décolleté, à gauche, un ruban dans les cheveux. Dessus : M^A ·ADELAIDE·PRINCI-PESSA·DI·FRANCIA. — Planquette rectangulaire. — Haut. : 0,091. — B.

425. **Louis XVI, dauphin.** — LOUIS AUGUSTE DAUPHIN DE FRANCE. Buste drapé, à gauche. — Plomb. — Diam. : 0,164.

426. **Louis XVI** (1774-93). — LUD·XVI·REX·CHRISTIANISS. Buste drapé à l'antique. B. DUVIVIER. ℞. PRIX DE LA SOCIÉTÉ ROYALE DE MÉDECINE DE PARIS. — Or. — Diam. : 0,042. T.B.

427. **Artois** (comte d'), plus tard Charles X. — Le comte à cheval, comme colonel général des Suisses et Grisons. LORTHIOR, 1773. — Étain. — Diam. : 0,118. — T.B.

428. Épreuve, en étain, du sceau de majesté de Louis XVIII, par *Tiolier*, 1795. — Diam. : 0,124.

429. **Bonaparte**. — Médaille de Droz, frappée à l'occasion de la paix d'Amiens (1802). R︎. Le retour d'Astrée. — Bronze doré. — T.B.

---

430. **Bourbon** (Louis-Alexandre de), comte de Toulouse. — L·AL·DE· BOVRBON·C·DE·TOVLOVZE·DVC·DE·DAMVILLE·GOV- VERNEVR·DE·BRETAGNE·PAIR·ET·AMIRAL·DE·FRANCE. Le duc à cheval, galopant à droite, armé de pied en cap, le bras droit levé et brandissant l'épée. A·CHALOCHE·F. R︎. lisse. — Bronze argenté. — Diam. : 0,093. — B.

431. **Condé** (Louis de Bourbon, prince de), 1530-69. — L·D·BOVRBON· P·D·CONDE·LIEVT·GNAL·DV·ROY·REPRE·SA·PERS·P· TOVS·SES·RO·ET·PAIS. Le prince à cheval, à droite, tout armé, l'épée à la main droite, l'écu de Condé à la gauche. La cha- braque du cheval est aussi aux armes de la maison de Condé. — R︎. lisse. — Diam. : 0,091. — B.

432. **Condé** (Léonore de Roye, princesse de), 1535-64. — Légende en creux : A·DAME·DE·ROYE·ET·CINQ·ENFANS·DV·PRINCE DE CONDE. La princesse debout, de face et voilée, au milieu de ses cinq enfants. Arbre et montagne au second plan. R︎. lisse. — Plomb. — Diam. : 0,039.

433. **Condé** (Henri de Bourbon, prince de), premier prince du sang, 1588- 1646. — HENR·BORBO·COND·PRIM·REG·SANG·PRINC· BVRGVND·ET·BITVR·PROREX. Buste à gauche, la cuirasse ciselée. Dessous : PAPILLON F. R︎. ARTE ET MARTE. Hercule debout. Exergue : CABILO·D·D·MDC XXXII. — Diam. : 0,063. — B.

434. **Condé** (Henri de Bourbon, prince de) et **Charlotte-Marguerite de Mont- morency**. — H·BORBON·CONDÆVS·PRIM·REGLÆ·FRANC· DOMVS·PRINCEPS. Buste cuirassé et drapé, à droite, 1611. R︎. CAR·MARG·MOMMORANTIA·PRINCIP·CONDÆI·VXOR. Buste décolleté, avec dentelles et broderies, une rose sur la poitrine. 1611. DVPRE. — Diam. : 0,061. — T.N, t. II, pl. 8, 1. — B.

435 . **Condé** (Charlotte-Marguerite de Montmorency, princesse de). — CAR·
MARG·MOMMORANTIA PRINCIP·CONDÆI VXOR. Buste
décolleté, à droite, couvert de broderies et de dentelles. 1611,
DVPRE. ℞. incus. — Diam. : 0,062. — ~~Étain?~~ — T. N., t. II,
pl. 8, 1. — T.B.

436. **Condé** (Louis de Bourbon, prince de). — LVD·DVX·BORBVS·PRIN-
CEPS·CONDÆVS. Buste du grand Condé, drapé et cuirassé. F·
CHERON·. ℞. PATRE·VIAM·MONSTRANTE. Condé à che-
val, passant avec son escorte sous un arc de triomphe. Exergue :
1678. — Argent. — Diam. : 0,075. — B.

437. **Montpensier** (Clara de Gonzague, comtesse de), 1481-1503. —
CLARA · DE · GONZ · COMITI · MONT̄ PENSERII · ET · DEL-
PHINA · ALV̄IE (*Alverniae*). Buste drapé, à droite. ℞. le même. —
Diam. : 0,058. — Armand, t. II, 85.

438. **Henri d'Orléans, duc de Longueville.** — + H·DORLEĀS·D·D·
LŌGVEVILLE·COTE·SORAIN·D·NEVFCHASTEL·AAGE·D·
16 ANS. Buste cuirassé, à gauche. ℞. HENRICVS·AVRELIVS·
VIS·VERNA·HERCVLIS. Sous un baldaquin : Hercule enfant
étranglant les serpents. — Plomb, avec bélière ciselée. — Diam. :
0,054.

439. **Henri d'Orléans, duc de Longueville, et Anne-Geneviève de Bour-
bon-Condé.** — H·AVRELIVS·D·LONGAVILLÆVS·C·DVN·S·
P·NO. Buste cuirassé. ℞. AN·GEN·BORBONIA·D·LONG·S·
P·NOVICASTRI. Buste décolleté, à gauche. — Diam. : 0,049.
— T. N., t. I, pl. 66, 1.

440. **Orléans** (Louis-Philippe, duc d'). — Grand médaillon en étain, par
Lorthior, représentant le duc à cheval, 1782. — Sous verre, dans
une bordure en bronze du premier Empire. — Diam. : 0,155.
— T. B.

441. **Valois** (Charles, bâtard de). — CARO·B(astardus)·VALESIVS·
CAROLI·NONI·FILIVS. Buste cuirassé et drapé, avec la fraise,
1620. ℞. RARA·CINERE·RARVS. Le phénix. — Argent. —
Diam. : 0,045. — T. N., t. II, pl. 8, 3. — B.

442. La même, en bronze. — Diam. : 0,043. — T. B.

443. **Vendôme** (César, duc de), fils naturel de Henri IV. — CESAR DVC
     DE VANDOSME PAIR GRAND MAISTRE CHEF. Buste cui-
     rassé, à dr. R̶. ET SVRINTENDANT GNAL DE LA NAVIGA-
     TION ET COMMERCE DE FRANCE. Deux aigles planant dans
     les airs ; dessus : PATRIO PAR ALA VIGORI. — Diam. :
     0,061.

ANJOU, BOURGOGNE,

LORRAINE, NAVARRE, FOIX, SAVOIE

444. **René d'Anjou et Jeanne de Laval.** — DIVI·HEROES·FRANCIS·
LILIIS · CRVCEQ · ILLVSTRIS·INCEDVNT·IYGITER·PARAN-
TES·ADSVPEROS·ITER. Bustes conjugués. ℞. PAX·AVGVSTI.
La Paix, debout, tenant un casque et une branche d'olivier.
Exergue : FRANCISCVS·LAVRANA·FECIT, et dans le champ :
M CCCC LXIII. — Plomb. — Diam. : 0,087.

Armand, t. I, 41 (Laurana, n. 4).

445. **Anjou** (Marguerite d'), fille du roi René, reine d'Angleterre (1444-82).
— SAGAX·IMBVTA·FVLGET·VIRTVTIBVS·AVDIAS. Buste
décolleté et coiffé d'une couronne fermée. ℞. PRVDEN[TI]A·EST·
SVPER·ŌNIA·[V]IRTVS. La Prudence, debout, tenant un miroir
et s'appuyant sur un sceptre, autour duquel un serpent s'enroule.
Exergue : OPVS·PETRI·DE·MEDIOLANO. — Bronze doré sur
la face principale. Au ℞. deux attaches de charnière. — Diam. :
0,085. — *Exemplaire unique* et de très beau style.   *Planche* XI.

Armand, t. I, 38 (Pierre de Milan, n. 1).

446. **Philippe le Bon,** duc de Bourgogne (1419-67). —PHILIPP : D : G :
DVX BVRG·LOT : BRA : CO : FLA·Z. Buste drapé, de trois
quarts, à gauche, coiffé d'un chapeau. ℞. AVTRE NARAY·AVTRE
NARAY·AVTRE NARAY. Briquet couronné et entouré de flammes.
— Argent, pièce de restitution. — Diam. : 0,039.   *Planche* XII.

Armand, t. II, 300.

447. **Charles le Téméraire** (1467-77). — DVX KAROLVS BVRGVNDVS.
Tête laurée. ℞. IE LAI EMPRINS BIEN EN AVIENGNE. Bélier

couché entre deux briquets qui portent la légende : VELLVS
AVREVM. Étincelles dans le champ ; le tout dans une couronne
de laurier. — Diam. : 0,039.

448. Autre exemplaire.

449. **Maximilien et Marie de Bourgogne.** — MAXIMILIAN9·MAGNA-
NIM9·ARCHIDVX·AVSTRIE·BVRGVND. Buste lauré, à longs
cheveux. ETATIS 19. R℣. MARIA·KAROLI·FILIA·HERES·
BVRGVND·BRAB·CONIVGES. Buste décolleté de Marie. ETA-
TIS·20. Dessous, 1479. — Argent. — Diam. : 0,041. — B.

450. MAXIMILIANVS·FR·CAES·F·DVX·AVSTR·BVRGVND. Buste
lauré, à longs cheveux. R℣. MARIA·KAROLI·F·DVX·BVRGVN-
DIAE·AVSTRIAE·BRAB·C·FLAN. Buste décolleté de Marie ;
derrière, un chiffre couronné. — Diam. : 0,048.

451. **Stanislas Lesczinsky**, grand-duc de Lorraine. — STANISLAVS·I·D·
G·REX·POL·MAG·DUX·LITHVAN·LOTH·ET·BARRI. Buste
à dr., drapé et cuirassé. Dans la tranche du bras : F·LALLEMAND.
R℣. incus. — Diam. 0,175. — T. B.

452. **Albret** (Pierre d’), fils naturel du roi Jean de Navarre. — PETRVS·
ALLEBRETVS·DE·NAVARA·SER·NAVAREN·REG·FIL·
AETAT·S·XXXX·IIII. Buste drapé, à g., coiffé de la barrette ;
derrière, l’écusson de Navarre ; sur la tranche du buste : FL·TO.
R℣. VBI·MAGIS·IBI·MINVS. Femme tenant d’une main un gou-
vernail et un niveau, dans l’autre une couronne royale et une couronne de laurier. — Diam. : 0,101. — Armand, t. I, 221.

453. **Antoine**, roi de Navarre (1555-62). — ANTONIVS·DEI·G·REX·
NAVARRÆ. Buste cuirassé. R℣. REX CONSERVATOR. Le roi
relève un paysan agenouillé. Exergue : PROVIDENTIA, 1559. —
Diam. : 0,035. — T. N., t. I, pl. 25, 7. — T. B.

454. Même légende. Buste cuirassé, à g. R℣. AVXIL·MEVM A DOMINO·
Bras sortant du ciel et remettant une épée au roi. Devant, quatre
dieux de la mythologie grecque. Exergue : IN·FIL·HOM·NON·
EST·SALVS·1562. — Bélière. — Diam. : 0,041. — T. N., t. I,
pl. 25, 9.

455. **Antoine et Jeanne d'Albret.** — ANTONIVS · DEI · G · REX · NAVARRAE. Buste cuirassé, à g. ℞. IOANNA · REGINA · NAVARRIE. Buste drapé et coiffé d'un chapeau, 1572. — Diam. : 0,054. — N. T., t. II, pl. 25, 10.

456. **Foix** (Marguerite de), marquise de Saluces. — + MARGARITA · DE · FVXO · MARCHIONISA · SALVCIAR · T C · 1516. Buste voilé, à g. ℞. + DEVS · PROTECTOR · ET · REFVGIVM · MEVM · J · P. Oiseau perché sur un arbre mort, paré d'un écusson. — Argent. — Diam. : 0,044. — Armand, t. II, 123. – B.

457. **Marguerite de France,** duchesse de Savoie (1559-74). — MARGARITA · FRAC · REG · F · D · SABAVDIA. Buste drapé, à g., couvert de broderies. Sur la tranche du bras : A · P. ℞. NATA IOVIS VERTICE. Minerve armée, debout et de face. — Diam. : 0,040. — B.

> Médaille d'*Alessandro Cesati.* — Armand, t. I, 173.

458. MARGARETA · A · FRANCIA · EMAN · PHIL · ALLOB · DVCIS · CONIVX. Buste drapé et voilé, à g. ℞. DIV · POST · FATA · NITESCET. Entre deux branches de laurier, un coffret (à légende illisible), sur lequel sont déposées quatre couronnes. En exergue, une signature de graveur : AN.....F. — Diam. : 0,048. — Armand, t. II, 224. — B.

459. **Charles-Emmanuel,** duc de Savoie (1580-1630). — CAROLVS · EMAN · D · G · DVX · SAB · P · P. Buste cuirassé. GASP · MEL · F · ℞. OPORTVNE. Le Sagittaire. MDCVI. — Médaille ovale en or, avec bélière. — Haut. : 0,053. — T. B.   *Planche* XII.

PRINCES ÉTRANGERS

460. **Este** (Borso d'), duc de Ferrare (1450-71). — BŌR DVX. Buste
drapé, à g., coiffé d'un bonnet plissé et paré d'une enseigne. —
Plaquette en plomb, à angles coupés. — Haut. : 0,075.

461. **Hercule II d'Este**, quatrième duc de Ferrare (1534-59). — HER·II·
FER·MVT·ET REG·DVX·IIII·CARNVT·I. Buste cuirassé, à g.
℞. MIHI·VINDICTAM ET EGO·RETRIBVAM. 1546. Hercule
combattant Cycnus. — Argent. — Diam. : 0,035. — T. B.

462. **Cosme II**, grand-duc de Toscane. — COSMVS·II·MAG·DVX·
ETRVR·IIII. Buste cuirassé et drapé. ℞. incus. — Médaille ovale,
dans une bordure du temps, en bronze ciselé et doré. — Haut. :
0,062.

463. **Philippe II**, roi d'Espagne, duc de Gueldre. — PHILIPPVS·DEI·G·
HISP·REX·DVX·GEL'. Buste cuirassé, à g. ℞. Les armes d'Espagne entre deux briquets couronnés ; autour, une frise de dix-huit
écussons. — Argent. — Diam. : 0,045. — B.

464. **François I**, empereur d'Allemagne. — FRANCISCVS·I·D:G·ROM·
IMP·SEMP·AVG. Buste cuirassé ; dessous : A·R·W. ℞. OB
CIVES SERVATOS. Panoplie. En exergue : FELICITER ELEC-
TVS D·13·SEPT·1745. — Or. — Diam. : 0,028. — T. B.

465. **Louise-Marie**, reine de Pologne. — LVD·MAR·D·G·REG·POL·ET·
SVE. Buste décolleté ; dessous : A·L. ℞. IN PROTECTIONE COELI
NON COMMOVEBITVR. Rocher battu par la mer, les vents et la
foudre. 1659. — Cuivre doré, avec bélière. — Diam. : 0,046.
— B.

PERSONNAGES ILLUSTRES

466. **Aligre** (Étienne d'), chancelier de France. — STEPHA·DALIGRE·
FR·CANCELLARIV', 1675. Buste à dr., drapé et coiffé d'une
calotte. ℞. lisse. — Diam. : 0,055. — T. N., t. I, pl. 61, 1.

467. STEPH·ALIGRE·FRANC·CANCELL. Buste drapé, à g. ℞. FIDES
PVBLICA. La Foi, debout, tenant un rouleau et un sceau avec
son contrescel. 1624. — Diam. : 0,040. — T. B.

468. **Amboise** (Georges d'), cardinal. — GEORGIVS·DAMBOISE·S·Æ·
R·CARD. Buste à g., drapé et coiffé de la barrette. ℞. SALVAT·
VBI·LVCET·1500. Le soleil dardant ses rayons sur la ville de
Milan. Exergue : MEDIOL. — Diam. : 0,051. — T. N., t. I,
pl. 42, 6.

469. **Argencourt** (Pierre de Conty, seigneur d'), maréchal de bataille. —
P·D·C·Sʀ DARGENCOVR·MARECH·D·BATAILLE. Buste
cuirassé. à dr. G·DVPRE·F·1630. ℞. INFERT·ET·SVSTINET.
Épée et bouclier en sautoir. Exergue : 1630. — Diam. : 0,064. —
T. N., t. II, pl. 16, 1. — T. B.

470. **Argenteau** (Jehan d'). — IEHAN SEIGNEVR D'ARGENTEAV
HERMALLE ZC. Buste cuirassé et drapé, 1586. ℞. PLVS QVE
IAMAIS ARGENTEAV. Femme debout, tenant une ancre; près
d'elle, une cigogne. — Diam. : 0,047. — T. B.

471. **Avezzo** (Virginie), peintre, femme du fils aîné de Simon Vouet. —
VIRGINIA·AVEZZO·PICTRIX·ROM·VOVET·PRIMOGENITI·
CONIVX·A. Buste décolleté, à dr. C·BOVTEMI. ℞. lisse. —
Bélière. — Diam. : 0,064. — T. N., t. I, pl. 63, 6. — B.

472. **Bailleul** (Nicolas de), prévôt des marchands de Paris. — NICO·DE· BAILLEVL·PROPRÆT·VRB·ET·PRÆF·ÆDIL·CVRANTE. Buste drapé, à dr., 1623. ℞. ÆTERNOS·PRÆBET·LVTETIA· FONTES. Nymphe de fontaine accoudée sur son urne. — Diam. : 0,051. — B.

473. **Bassompierre** (François de), maréchal de France, colonel-général des Suisses. — FR : A·BASSOMPIERRE·FRANC : POLEM : GLIS· HELV : PRÆF. Buste cuirassé et drapé. ℞. QVOD NEQVEVNT TOT SIDERA PRESTAT. Phare allumé. 1633. — Diam. : 0,056. — T. N., t. II, pl. 14, 4. — T. B.

474. Autre exemplaire. — Diam. : 0,052.

475. **Beauclerc** (Michel de), maître de cérémonie des ordres du roi (Louis XIII). — MICHAEL·DE·BEAVCLERC·ÆTATIS·SVEE (sic, rien de plus). Buste cuirassé et drapé, à dr. ℞. FRANGIT SORS INVIDA PENNAS. La Fortune et un homme barbu arrachant les ailes à Beauclerc. — Médaille ovale. — Haut. : 0,055. — T. N., t. I, pl. 63, 5. -- B.

476. **Beïus** (Petrus). — PETRVS·BEÏVS· et l'anagramme de son nom : SVPER·VBI·EST. Buste cuirassé et drapé. Æ : LVI, 1616. ℞. incus. — Médaille ovale en cuivre argenté, avec bélière. — Haut. : 0,064. — T. N., t. I, pl. 54, 2 (sans la date). — T. B.

477. **Bellegarde** (Roger de), maréchal de France. — ROVG·D·BELLE- GAR·MAR·D·FRAN. Buste cuirassé, à gauche. ℞. incus. — Plomb. — Diam. : 0,050.

478. **Bellet** (Marguerite). — MARGVERITE·BELLET. Buste drapé, à droite. VARIN. ℞. incus. — Diam. : 0,093.

479. **Bellièvre** (Pomponne de), chancelier de France. — POMPONIVS DE BELIEVRE FRANCIÆ CANCEL·ÆT·71. Buste drapé, à gauche. Dessous : (branchette de laurier) N·G·I·F·1601. ℞. CO- LIT HANC RIGIDE MODERATVR ET ISTAM. La Piété et la Justice, debout. Exergue : PIE·ÆR·PVB. — Cuivre doré, avec bélière. — Diam. : 0,051. — T. N., t. I, pl. 53, 4. — T. B.

480. POMPONIVS BELLIEVR.EVS ÆT·LXVIII. Buste drapé, à droite. CON·BLOC·F. ℞. DISCVTIT·VT·COELO·PHOEBVS PAX· NVBILA·TERRIS, 1598. Dans une couronne d'olivier : le soleil dissipant des nuages. — Diam. : 0,043. — T. N., t. I, pl. 53,5.

481. **Bérulle** (Pierre de), cardinal, fondateur de l'ordre de l'Oratoire de France. — PETRVS·CARDINALIS·BERVLLIVS, 1677. Buste en habit cardinalice. T·BERNARD·F. ℞. S·PHILIPPVS·NERIVS. Buste drapé de saint Philippe de Neri. — Cuivre doré. — Diam. : 0,069. — T. N., t. I, pl. 59, 6. — T. B.

482. **Birague** (René de), chancelier de France sous Henri III. — RENATVS· BIRAGVS·FRANCLÆ·CANCELARIVS (*sic*)·ANNO·ETATIS· SVÆ LXX. Buste drapé, à droite. — Bordure moulurée, les lettres sur fond pointillé. ℞. creux. · Diam. : 0,198.
Magnifique exemplaire.

483. RENATVS·CARD·BIRAGVS·FRANCIA·CANCELARIVS. Buste à gauche, en habit cardinalice. ℞. uni. — Diam. : 0,065. — Bélière. — B.

484. **Bohier** (Thomas), seigneur de Chenonceaux. — THOMAS·BOHIER· GENERAL·DE·NORMANDIE. Buste drapé, coiffé d'un bonnet. MCCCCCIII. ℞. SIL·VIENT·APOINT. Écu tiercé en pal. — Diam. : 0,063. — T. N., t. I, pl. 42, 2. — B.

485. **Boiceau** (Jacques), intendant des jardins du roi. — IACQVES·BOI- CEAV·S^r·DE·LA·BARRAVDERIE. Buste drapé, à droite, avec la fraise et sur fond pointillé. AB·DVPRE·F·1624. ℞. NATVS· HVMI·POST·OPVS·ASTRA·PETO. Chenilles dans un paysage. — Diam. : 0,071. — T. B.

486. IAC·BOICEAV·S·D·L·BARODERYE·IN·D·IARDINS·DV·ROY. Buste drapé, 1630. ℞. HIC·LABOR·INDE·FAVOR. Le jardin des Plantes; sur le premier plan, une femme debout, tenant une bêche. Exergue : AGRICVLTVRA. — Bélière ciselée. — Diam. : 0,047. — T. N., t. I, pl. 60, 1.

487. **Bonne** (Catherine de). — CATHERINE DEBONNE. Buste décolleté, à droite. WARIN. ℞. incus. — Diam. : 0,104.

488. **Bouillon** (Emmanuel-Théodose, cardinal de), 1644-1715. — EMMA-
NUEL·THEOD·CARD·BULLIONIUS. Buste coiffé de la mitre
épiscopale. Dessous : G·DVBVT·F. R̥. lisse. — Diam. : 0,106.

489. **Bouillon** (Frédéric-Maurice de la Tour, duc de), prince de Sedan. —
FRIDERICVS·MAVRITIVS·D·LA·TOVR·SEDANI·PRINCEPS.
Buste cuirassé et drapé. R̥. ET PATER ÆNEAS ET AVVNCVLVS
EXCITAT HECTOR. Le jeune prince, debout entre un guerrier
armé de toutes pièces et un homme vêtu d'un long manteau et
tenant un étendard et une tour. — Diam. : 0,040.

490. **Bouillon** (Henri de la Tour, duc de), 1555-1623. — HENR·D·L·
TOVR·DVC·D·BVIL·P·S·D·SED. Buste cuirassé à droite.
R̥. SVMMA·NEQVIT·FRVSTRA·IMA·LACESSIT. Tour battue
par les flots. — Médaille ovale, avec bélière. — Haut. : 0,048. —
T. N., t. I, pl. 55, 5. — T. B.

491. **Le Bourgrois de la Varende**, abbé de Pontigny. — F·I·LE·BOVR-
GROIS·D·L·VARENDE·AB·DE·PONTIGNY, 1677. Buste à
droite, en habit ecclésiastique. R̥. uni. — Diam. : 0,056. — B.

492. **Briçonnet** (Pierre), général des finances. — PETRVS·BRICONNET·
MILES·FRANCIE·GENERALIS. Buste drapé, à droite, coiffé d'un
bonnet. Dessous : MCCCCCIII. — R̥. DITAT SERVATA FIDES.
Deux enfants tenant une corne d'abondance. — Bélière ciselée. —
Diam. : 0,065. — T. N., t. I, pl. 42, 4. — B.

493. **Briçonnet** (Robert), président aux enquêtes du Parlement, archevêque
de Reims (sous Charles VIII). — ROB·BRICONET·PARLA-
MENTI·INQVESTAR·PRESID. Buste drapé et coiffé d'un bonnet.
R̥. MARCET SINE ADVERSARIO VIRTVS. — Diam. : 0,060. —
T. N., t. I, pl. 41, 4.

494. **Brissac** (Charles de Cossé, duc de), pair et maréchal de France (sous
Henri IV). — CA·D·COSSE·DVX·D·BRISSAC·PAR·AC·
MARES^cⁱ FRAN^ⁱ. Buste cuirassé et drapé, à droite. R̥. Dans une
couronne de laurier : rocher à demi scié ; dessus, sur une banderole : TEMPORE. — Diam. : 0,049. — T. N., t. I, pl. 44, 7. — B.

495 . **Brulart** (François-Noël), marquis de Sillery, chevalier de Malte. — F·NOEL BRVLART·DE·SILLERI CHEVALIER DE LORDRE DE S·IEAN DE HIERVSAL. Buste cuirassé, coiffé d'une calotte. 1632. R⌀. INCLVSVS MVNDO SECLVSIT GAVDIA MVNDI. Écusson. — Diam. : 0,052. — T. N., t. I, pl. 60, 6. — T. B.

496 . **Brulart** (Nicolas), marquis de Sillery, chancelier de France. — NI· BRVLARTVS A SILLERY FRANC·ET NAVAR·CANCEL. Buste drapé, 1613, G·DVPRE·F. R⌀. LABOR·ACTVS·IN·ORBEM. Quadrige du Soleil. — Diam. : 0,072. — B.

497 . NICOLAVS BRVLART D·SILLERI FRANC ET NAVARR·CANC· 1612. Buste drapé. R⌀. AEQVITAS. La Justice debout, à gauche, tenant la balance et la corne d'abondance. — Diam. : 0,050. — T. N., t. I, pl. 59, 3. — B.

498 . **Bruyère** (Louis-Sixte de Jarente de), évêque d'Orléans. — L·SEX·DE JARENTE DE BRUYERE EV·D'ORLEANS M^{re} DE LA F^{le} COM^R DES OR·DU·ROI. Buste à gauche, en habit ecclésiastique. FONTAINE. — Grand médaillon, pendant du n° 506, entouré d'une bordure finement ciselée. — Diam. : 0,20. — T. B.

499 . **Caignart** (Pierre), clerc et expéditionnaire de l'enregistrement apostolique (sous Louis XIV). — PETRVS·CAIGNART·REGRI· APLICI·CLERICVS·ET·EXP. Buste drapé. G·MARTIN. R⌀.SOLLICITVS·ET·FIDELIS. Chien de chasse courant à gauche. — Diam. : 0,054.

500 . **Carnburg** (Philippe, prince de). — PHI·D·G·P·CARNBVRG·DVX· ARSHOT. Buste cuirassé et drapé, à droite, avec la fraise. Derrière : V M T F (?). R⌀. STET·QVOCVNQVE·LOCO. Palme dans une couronne de laurier. — Diam. : 0,039.

501 . **Caumartin** (Louis Lefèvre de), garde des sceaux. — M^{re}·L·LEFEVRE·DE·CAVMARTIN·CHLER·GARDE·DES·SCEAVS·DE FR. Buste drapé, à dr. T·BERNARD·F. R⌀. HIC·PIETAS·HIC· PRISCA·FIDES·1662. La statue de la Justice dans un temple à coupole. — Diam. : 0,083. — T. N, t. I, pl. 56, 7. — B.

502. **Chappuis**(Mathieu), échevin de Lyon. — MATTHÆVS · CHAPPVIS · IN · CVRIA · LVGDVNENSI · CONS. Buste drapé, coiffé d'une calotte. WARIN, 1651. R̸. incus. — Bélière. — Diam. : 0,103. — T. B.

503. **Chaulnes** (de), duc et duchesse. — CHA · D'AILLI · DVC · DE · CHAVNES · PAIR · DE · FRANCE · V · D. Buste cuirassé. F · CHE-RON. R̸. ELISABETH · LE · FERON · DVCHESSE · DE · CHAVL-NES. Buste décolleté et paré d'un collier de perles. F · CHERON. · · Diam. : 0,055.

504. **Chevalier** (N.), vice-président du parlement et chancelier de la reine Anne d'Autriche. — N · CHEVALIER · SVBSID · PAR · P · PRÆS · ET · ANNÆ · R CANCELLARIVS. Buste drapé, à dr. M · DC · XXX. — R̸. uni. — Diam. : 0,051. — B.

505. **Chifflet**, historien franc-comtois. — HIC HISTORICORVM PHŒ-NIX. Buste à g., drapé à la romaine. R̸. Le phénix sur le bûcher, à g. Exergue : RARA AVIS. — Médaille d'argent, gravée en taille douce. — Diam. : 0,038. — T. B.

506. **Choiseul** (Étienne-François de), duc de Choiseul et d'Amboise, ministre de Louis XV (1719-85). — ET · F · DE · CHOISEUL DUC DE CHOISEUL-AMBOISE PAIR DE FR. Buste cuirassé et drapé. — Grand médaillon (de *Fontaine*), pendant du n° 498, entouré d'une bordure finement ciselée. — Diam. : 0,20. — B.

507. **Colbert**(Jean-Baptiste). — IOANNES · BAPTISTA · COLBERT · ACA-DEMIÆ · PROTECTOR. Buste drapé, à dr., en perruque. Signa-ture du graveur : *J. R.* R̸. lisse. — Diam. : 0,064.

508. **Armes de Colbert.** IEAN · BAPTISTE · COLBERT · MARQVIS · DE · CHATEAV · NEVF. R̸. Armes de la ville de Bourges, aux trois moutons d'argent. ANDRE · CHENV · MAIRE · DE · LA · VILLE · DE · BOVRGES, 1682. — Diam. : 0,059. — Comparez T.N., t. III, pl. 27, 1, une médaille semblable au nom de Germain Lelarge, 1686. — B.

509. **Constantin le Grand**. — CONSTANTINVS IN XPO ƆEO FIƆELIS IMPERATOR ET MOƆERATOR ROMANORRVM (*sic*) ET SEMPER AVGVSTV[S]. L'empereur à cheval, à dr.; 234 dans le champ. ℞. + MIHI·ABSIT · GLORIARI · NISI·IN · CRVCE· ƆOMINI·NOSTRI·IHV·XPI. Deux femmes assises près d'un bassin, au milieu duquel s'élève une croix. Poinçon d'orfèvre; 235 dans le champ. — Argent doré. — La médaille, formée de deux plaques, a été faite à Augsbourg vers la fin du xive siècle. — Diam. : 0,083. — B. *Planche* XIII.

510. **Coypel** (Noël), peintre, directeur de l'école de Rome. — NA·COYPEL·RECT·ACAD·REG·ROMÆ. Buste drapé, 1673. ℞. VIRTVTE· SVPERAT · OMNIA. Hercule appuyé sur une massue, autour de laquelle s'enlacent deux serpents. — Diam. : 0,049. — B.

511. **Croy** (Geneviève d'Urfé, duchesse de). — GEN·DVRFE·DVCIS·A· CROY·S^T·IMP·PRINCI. Buste drapé, à dr. ℞. CONCVTIOR· VNDIQVE·FRVSTRA. Pyramide battue par les quatre vents. P· GORET. — Bélière. — Diam. : 0.043. — B.

512. **Crochart** (Ant.). — ANTONIVS CROCHART. Buste drapé, à dr., sur fond limé. ℞. gravé en taille douce : EST·OMNIBVS·VNVS· AETATIS·SVÆ 43, 1689. Aigle à g., tenant un écusson et regardant le soleil. — Diam. : 0,048. — B.

513. **Crequy** (Madeleine de), duchesse de Villeroi. — MAGDELENE·DE· CREQVY·MARESCHALE·DE·FRANCE. Buste décolleté, à dr. WARIN, 1651. ℞. incus. — Bronze doré. — Diam. : 0,102. — T. N., t. II, pl. 29, 1. — T. B.

514. **Delaunay** (Nicolas), orfèvre, directeur de la Monnaie des médailles (1696-1727), et Madeleine Ballin, sa femme. — N·DELAVNAY SECRETAIR^E ·DV·ROY·ET·MAGD·BALLIN·EPO. Bustes drapés et géminés. ℞. incus. — Diam. : 0,086. — B.

515. **Delorme** (Charles), médecin de Louis XIII. — 1628. CAROL·DELORME·REG·CONS·ET·MED·ORDINARIO℞·PRIM·ÆT.43. Buste drapé, à dr. ℞. DIIS·GENITI·POTVERE. La chute de Phaëthon. — Ovale. — Haut. : 0.054. — Larg. : 0,043. — T. B.

516. **Dommey** (Ch.). — CHARLE DOMMEY NE LE 22 AVRILE 1705. Buste nu, à dr. Dessous : *Monié F.* et un fleuron. ℞. lisse. Diam. : 0,048.

517. **Doublet** (L..). — L. DOUBLET SECR. DU CAB. DU ROY. Buste drapé, à dr. J·DUVIVIER·F. ℞. lisse. — Diam. : 0,075. — B.

518. **Dugaz** (Louis), échevin de Lyon. — LVDOVICVS·DVGAZ·IN· ELECT·LVGD·CONSIL·CONS. Buste à dr., avec la simarre et la calotte. BIDAV, 1658. ℞. incus. — Diam. : 0,103. — B.

519. **Dumas** (Jehan), seigneur de Lisle, chambellan de Charles VIII. —IO· DVMAS·CHEVALIER · S^R · DE·LISLE · ET · DE · BANNEGON· CHAMBELLAN DV ROY. Buste drapé, à g. ℞. PRESIT·DECVS. Dumas, en armure, sur son cheval de bataille, à g., le bâton de commandement à la main. — Diam. : 0,088. — B.

    Attribuée à *Nicolo Fiorentino*. — Armand, t. I, 90.

520. **Dumay** (Pierre), conseiller au Parlement de Dijon. — PETRVS· DVMAY·IN·SVPR·BVRGVND·CVRIA·SENATOR·DO·DE·S· AVBIN·ET·GAMAY. Buste drapé, à g. ℞. incus. — Diam. : 0,069. — T. B.

521. **Duval** (Jean-Baptiste), d'Auxerre, orientaliste. — IO·BAPTISTA DV VAL LING·ORIENT·INTERPRES REG. Buste drapé, à dr. M·DC·XXX. ℞. FRANCIGENA·INTERPRES·DIVVM. Dans une salle ornée de statues, Mercure assis à une table; devant lui, un Turc. — Diam. : 0,052. — T. N., t. I, pl. 60, 4.

522. **Épinay** (Jean II, marquis d'). — IEHAN·MARQVIS·DESPINAI· CONTE·DE·DVRESTAL. Buste cuirassé, à g. ℞. SIC·IONCTI (*sic*)·SVMVS·AMORE. Lion couché au pied d'un ormeau enlacé d'un cep de vigne. Exergue : HOS·DVOS·CONSERVO, 1578, et ANTEO·F. — Diam. : 0,046. — T. N., t. I, pl. 50, 6. — B.

    Armand, t. I, 274 (*Anteo*, n° 1).

523. **Estouteville** (Guillaume d'), archevêque de Rouen (1403-83). — (Lis) G·DESTOVTEVILLA·EPIS·OSTI·CAR·ROTHO·S·R·E·CAM. Buste drapé. ℞. Écusson aux armes du cardinal. — Diam. : 0,046. — T. N., t. I, pl. 41, 1. — B.

524. G·CARDINALIS·DE·ESTOTA·VILLA·ARHIE(*sic*)·ROTO. Buste drapé. ℟. GLORIA·FRANCOR℣. Femme debout, tenant l'écu du cardinal et une corne d'abondance. — Diam. : 0,040. — T.N., t. I, pl. 41, 2. — T. B.

525. **Expilly** (Claude d'), président du parlement de Dauphiné. — CLAVD EXPILLI·COM·CONSIST·S·D·PRÆS·AET·LXVIII. Buste drapé, de trois quarts, à dr.; sur la tranche du bras : OLIER. ℟. DEVS·NOBIS·HÆC·OTIA·FECIT, 1629. Vue d'un château et de ses dépendances; sur une banderole : LA POEPE. — Diam. : 0,058. — T. B.

526. Même lég. jusqu'à PRÆS, et même buste de trois quarts, mais à g. Dessous, OLIER. ℟. NEC GEMERE CESSABIT. Rossignol perché sur un arbre mort. Exergue : 1630. — Diam. : 0,051. — B.

527. Même lég. Buste à dr., avec la simarre et la calotte; dessous : DVPRE, 1636. ℟. NEC GEMERE CESSABIT. Même sujet, autrement disposé. — Diam. : 0,047. — T. N., t. II, pl. 17, 5. — B.

528. CLAVDIVS·EXPILLIVS·ÆT·XL·VORON(*ensis*, de Voiron). Buste drapé. DVPRE·F. ℟. NON·INFERIORA·SECVTVS. Femme debout, tenant une figurine de la Justice et montrant du doigt une armure placée derrière elle. Exergue, 1601. — Diam. : 0,035. — T. N., t. II, pl. 18, 1. — T. B.

529. **Faye** (Charles), abbé de Saint-Fuscien, chanoine de l'église de Paris. — CAROLVS·FAYE·ABBAS·S·FVSCIANI. Buste drapé, à g. ℟. SICVT·VNICORNIS·CORNV·MEVM. Écu chargé de trois têtes de licorne et brochant sur une crosse. ANNO MDCIIII. — Diam. : 0,051. — T. B.

530. Même face. ℟. IVRISQ·ÆNIGMATA·SOLVENS·REDDIT·CVIQ· SVVM. La Justice debout devant le sphinx assis sur un rocher. ANN. 1605. — Diam. : 0,049. — T. N., t. I, pl. 52, 8. — B.

531. **Fénelon** — CEDIT·VIR·MAGNVS·VT·INSTET·FORTIVS. Buste à dr., en habit épiscopal. Dessous : FR·SALIGNAC·FENELON· ARCHI·EP·CAMER. Sur la tranche du bras : I·B·F. ℟. TAMEN

INVIOLATA TENETVR. Les clefs et la tiare papale sur un autel ; d'un côté, une femme nue, avec une étoile au front, tient une épée enflammée ; de l'autre, trois empereurs agenouillés. Vue de Rome, le ciel sillonné d'éclairs. M·DC·XCVIIII, et I·BOSHAM·F. — Cuivre doré. — Diam. : 0,047.

532. **Filleul** (Michel), de Blois. — MICHAEL·FILLEVL·N·V·BLÆSENS. Buste drapé, à g.; dessous : ΓΕΡΙΩΝ ΕΓΙ ΜΟΙΡΑ. ℞. MINERVÆ· ET·MVSIS, CIↃ·D·C. Intérieur d'une bibliothèque. — Diam. : 0,067. — T. N., t. I, pl. 67, 5. — B.

533. **Fontenelle** (?). — Buste à dr., en robe de chambre et fourrure, un bonnet sur la tête. Sur la tranche du bras : *J. C. Roettiers f*. ℞. lisse. — Diam. : 0,089. — B.

534. **Fourcy** (Jehan de), surintendant des bâtiments. — IEHAN·DE· FOVRCY·S·D·CHESSY·ET·DE·POMMEVSE. Buste drapé, à dr. ℞. HONORI·PRÆVIA·VIRTVS. 1599. Les temples de *Virtus* et d'*Honor*. — Diam. : 0,040. — T. N., t. I, pl. 49, 3. — T. B.

535. **Frère** (Claude), premier président du parlement de Dauphiné. — CLAVDIVS·FRERE·PR·PRÆSES·SEN·GRA. Buste drapé, à g., 1623. ℞. FRVOR DVM FOVEO. Main droite tenant une aiguière et arrosant une plante. — Diam. : 0,049. — T. N., t. I, pl. 58, 4. — B.

536. **Frère** (Claude) *et sa femme*. — CLAVD·FRERE·PR·PRÆS·SEN· GRA. 1624. Buste drapé, à g. ℞. MAGDALENA·PLOVIER· CONIVX. Buste drapé, à dr., 1624. — Diam. : 0,043. — T. B.

537. **Gassendi** (Pierre), professeur de philosophie au Collège de France (1592-1655). — PETRVS·GASSENDVS·PRÆP·ECCL·DINIEN- SIS (prévôt de l'église de Digne). Buste drapé et coiffé d'une calotte. En exergue : VARIN, 1648. ℞. incus. — Diam. : 0,106. — T. N., t. II, pl. 30, 5. — B.

538. **Gillot** (Jacques), historien (du temps de Marie de Médicis). — IAC· GILLOTVS·SENATOR·INTEGERIMVS (*sic*). Buste drapé. ℞. lisse. — Diam. : 0,050. — T. N., t. I, pl. 56, 2. — B.

539. **Gondi**(Jean-François de), archevêque de Paris. — IEAN·FRANCOIS·DE·GONDY·ARCHEVESQVE·DE·PARIS, 1627. Écusson surmonté du chapeau de cardinal. ℞. ÆDIS·EVSTACH·INSTAVRATIONI, 1625. Le cor de saint Eustache, enlacé de palmes et de lauriers. — Diam. : 0,052. — T. N., t. I, pl. 62, 7.

540. **Grieu** (Gaston de), prévôt des marchands de Paris (1612-14). — GASTO·GRLEVS·SENAT·PAR·CIVITQ·CVSTOS. Buste drapé; dessous, MDCXIV. ℞. HAS·DEDVCIT·AQVAS·ET·NVBILA·PELLIT. Pégase, à g., s'élançant du toit d'un édifice; au second plan, un aqueduc. — Diam. : 0,037. — T. N., t. I, pl. 55, 4. — B.

541. **Grolier** (Charles), prévôt des marchands de Lyon (1650 et 1673). — CAROLVS·GROLIER·PRÆ·MERC·LVGD. Buste à dr., avec la simarre et la calotte; en exergue : WARIN [1651]. ℞. creux. — Bélière. — Diam. : 0,103. — T. N., t. II, pl. 32, 1.

542. CAROLVS GROLIER. Buste cuirassé, à g.; dessus, CGV liés; dessous, 1658. MIMEREL·F. Ruban replié formant bordure. ℞. incus. — Diam. : 0,145. — B.

543. **Guadagni**(Tommaso de'), de Florence, majordome de François Ier. — DE·GVADAGNIS·CI·FLO. Buste drapé, à g., coiffé d'une toque. ℞. Inscription en douze lignes : « Nobilis Thomas de Guadagnis, civis Flor.. consiliarius atq. ordinarius magister domus christianissimi Francisci p^i Gallor. r. ac du. Medio. hac cappe. [*dans l'église des Jacobins à Lyon*] faciedam curavit an. d. M·D·XXIII ». — Diam. : 0,101. — T. N., t. I, pl. 50, 5.

544. **Guiot** (Antoine), prévôt des marchands de Paris. — MESIR·ANTO·GVIOT·S^r·DE·CHARMEAV·ET·DANSAC. Buste drapé, à g. 1602, G·DVPRE. ℞. Écusson dans une couronne d'olivier. — Bronze doré. — Diam. : 0,058. — T. N., t. II, pl. 19, 3. — B.

545. **Guise**(Louis, cardinal de). — LVDOVICVS CARDINALIS DE GVISIA, 1578. Buste à g., en habit cardinalice. ℞. ✠ ORTV·CLARVS·SINE·DOLO. L'agneau pascal, avec le pennon, dans une auréole. — Diam. : 0,036.

546. **Hesselin**(Louis), maître de la Chambre aux deniers (sous Louis XIV).
— LVD · HESSELIN · REG · A · CONS · ET · OECON · AC · ÆRAR ·
DOMEST · PRÆFERT (*sic*). Buste nu. ℞. SVPEREST · DVM ·
VITA · MOVETVR. Dans une couronne de chêne, une fusée
volante. — Diam. : 0,063. — T. N., t. III, pl. 18, 4. — B.

547. Autre exemplaire.

548. **Hospital** (Nicolas de l'), maréchal de France. — NICOL · DE · L'HOS-
PITAL · MAR^{al} · DE · FRAN · MARQ · DE · VITRY · CONTE (*sic*) ·
DE · CHAVVILAIN. Écusson du maréchal, entouré de deux colliers
d'ordre. ℞. DAME · LVCRESSE · BOVHIER · SA · FEMME : 1627.
Écusson chargé de trois têtes de bœuf, entre deux palmes. —
Diam. : 0,050. — T. B.

549. **Hoym** (Comte), fils du bibliophile. —Buste à g., orné d'un grand cordon.
Lég. allemande. ℞. Lég. allemande et panoplie de la Société du tir
de Breslau, 1805. — Argent. — Diam. : 0,041.

550. **Hurault** (Philippe), vicomte de Chiverny, garde des sceaux. — +
PHILIP · HVRALT · VICECO · CHEVERN. Buste drapé; dessous,
1580. ℞. FOVET · ET · DISCVTIT. Le soleil dissipant les nuages.
— Diam. : 0,037. — B.

551. **Jeannin** (Pierre), diplomate et surintendant des finances (1540-1622).
— PETRVS IEANNIN · REG · CHRIST · A · SECR · CONS · ET ·
SAC · ÆRA · PR. Buste drapé, à droite. Exergue : G · DVPRE · F ·
1618. ℞. incus. — Diam. : 0, 193. — T. N., t. II, pl. 16, 2.
— T. B.

552. **Lafarge** (Ferréol de), Toulousain. — PATRIÆ · DECORATVS ·
AMORE. Buste drapé, en perruque. ℞. MEMORIÆ NOBILIS
FEREOLI DE LA FAGE BIS CAPITOLINVS. Assemblage de dix
écussons. TOLOSA ANN. 1692. — Diam. : 0,063. — B.

553. **Laubespine** (Charles de), marquis de Châteauneuf, garde des sceaux.
— CAROLVS · DE · LAVBESPINE · CVST · SIGILLI · GALLIÆ ·
MARC · DE · CHASTEAVNEVF, 1653. Buste à g., avec la simarre et
une calotte. ℞. HOC · MONIMENTVM · DABIT · NOMEN ·

ÆTERNVM. La Justice assise, accoudée sur le médaillon de Laubespine, et entourée d'Amours et de soldats. — Bélière ciselée. — Diam. : 0,091. — T. N., t. I, pl. 65, 1. — B.

554. **Lautens** (Jehan), maître des comptes à Lille. — IEHAN LAVTENS CONS ET ME DE·COMP·A·LILE. Buste drapé et coiffé d'une calotte. ÆT·67. R⁄. HAVTS AL IN EEN (*tenez-les tous ensemble*), 1598. Trois anneaux enlacés (allusifs aux trois chambres de compte siégeant à Lille, à la Haye et à Amsterdam). — Diam. : 0,045. —
— B.

555. **Lavalette** (Henri de Foix de), duc de Candale, pair de France (sous Louis XIII). — HENR·FOX·VALETTÆ·DVX·CANDALLÆ· PAR·FR. Buste cuirassé, à gauche. R⁄. Écusson. — Diam. : 0,042.

556. Armes du même Lavalette, soutenues par deux sauvages. 1642. R⁄. incus. — Cuivre doré. — Diam. : 0,065.

557. **Lavalette** (Jean de), grand-maître de Malte (1557-68). — F·IOANNES·DE·VALLETE·M·HOSP·HIE. Buste cuirassé, à gauche. R⁄. HABEO·TE. Épisode du siège de Malte par les Turcs (éléphant portant une tour, etc.). — Diam. : 0,057. — T. N., t. I, pl. 46, 6.

558. F·IO·VALLETA·M·M·HOSP·HIER. Buste cuirassé, à droite. R⁄. VNVS·X·MILLIA. David vainqueur de Goliath; au second plan, une armée en fuite. — Diam. : 0, 049. — T. N., t. I, pl. 46, 5.

559. Même légende (sans l'M qui signifie *magnus*). Buste cuirassé, à gauche; derrière, un trophée turc; dessous, F·[C]OC et un caducée. R⁄. MELITA·RENASCENS. Carte de l'île de Malte. — Diam. : 0,040. — Armand, t. III, 125. — B.

560. **Lavalette** (Jean-Louis de), *duc d'Épernon*, pair de France et colonel-général de l'infanterie. — I·L·A·LAVALETA·D·ESPERN·P· ET·TOT·GAL·PEDIT·PRÆF. Buste cuirassé et drapé; derrière, G·DVPRE·F, 1607. R⁄. INTACTVS·VTRINQVE. Lion assis, se retournant vers Bellone armée de deux torches. — Argent doré. — Diam. : 0,055. — T. N., t. II, pl. 15, 2. — T. B.

561. IO·LVD·DE·LAVALLETTE·DVX·ESPERN·PAR·ET·TO·PED·
FR·PRÆFEC. Buste cuirassé, à gauche. ℞. ADVERSIS·CLARIVS.
Rocher dans la mer, assailli par une tempête. Exergue : 1606, POL
F. — Diam. : 0,054. — B.

562. I·L·A·LAVALETA·D·ESPERN·P·ET·TOT·GAL·PEDIT·PRÆF.
Buste cuirassé, avec fraise et calotte. Derrière, I·HVTTIN A
METZ, 1630. ℞. uni. — Bélière. — Diam. : 0,055. — B.

563. **Lesdiguières** (François de Bonne, duc de), connétable. — FRANCIS-
CVS·A·BONA·DESDIGVERIVS·AN·Æ·58. Buste à gauche, avec
fraise, cuirasse et draperie; dessous, G·DVPRE·F. ℞. IN·ÆTER-
NVM·MDC. Deux mains jointes, entourées de nuages. — Diam. :
0,055. — T. N., t. II, pl. 12, 1. — B.

564. FRAN·A BONA D·DESDIGVIERES P· ET COMESTABILIS.
Buste à droite, 1623. ℞. GRADIENDO ROBORE FLORET.
Écusson. — Argent. — Diam. : 0,047. — T. N., t. II, pl. 11, 4.

565. **Lesueur** (Eustache), peintre. — EVSTACHIVS·LE·SVEVR·PICTOR·
REGIVS. Buste drapé, à droite. ℞. ARTE·ET·LABORE. La
Peinture assise à son chevalet ; derrière, un petit Amour; devant,
un buste. Fleuron en exergue. — Diam. : 0,061.

566. **Letellier** (Michel), chancelier de France. — MICHA·LETELLIER·
FR·CANCELLARIVS. 1678. Buste à droite, avec la simarre et la
calotte; dessous : *Berlinet*. Couronne de feuilles en relief, formant
bordure; l'inscription sur fond pointillé. Le ℞., lisse, porte les
armes de Letellier, finement gravées en creux et surmontées de la
devise : ILLIVS SPLEND(soleil)ORE MICANT. — Diam. :
0, 130. — T. N., t. III, pl. 19, 1. — T. B.

567. MICHAEL·LE·TELLIER·FRANCIÆ·CANCELLARIVS. — Buste
drapé, avec la simarre et la calotte. AVRY·F. incus. — Diam. :
0,058.

568. Même face. ℞. RERVMQ·PRVDENS·ET·SECVNDIS·DVBIISQ·
RECTVS. Femme présentant un miroir à la Justice assise à gauche.
AN·M·DC·LXXIX. Sous le siège, AVRY·F. — Diam. : 0,058.
— B.

569. **Loménie** (Antoine de). — ANT·DE·LOMENIE C̄H̄R·CONS·ET SECRETAIRE DESTAT. Buste drapé, à droite. ℞. FIDES ASSE-CLA. Henri IV, debout à gauche, tenant le sceptre et suivi de la Fidélité. En exergue, 1610. — Diam. : 0,047.

570. AN·DE LOMENIE C·CON·ET SECR·DESTAT. Buste drapé, avec la fraise. ℞. INTEMERATA FIDES. Ange couronnant un martyr, dont la tête est prise dans une fourche. — Diam. : 0,049. — T. N., t. II, pl. 17, 1.

571. ANT DE:LOMENIE CONSELLIER (*sic*) ET SECRETAIRE DES-TAT. Buste drapé, coiffé d'une calotte; dessous, M·DC·XXX. ℞. SIC·TE·REX·MAGNE·SEQVEBAR. Mercure suivant le char du Soleil, à gauche. — Bélière ciselée. — Diam. : 0,047.

572. **Louvois** (Fr.-M. Letellier, marquis de). — Buste de trois quarts à droite, en perruque. ℞. AD·NVTVM·REGIS. Minerve tenant l'égide et une corne d'abondance. Exergue : DILIGENTIA·FIDE·PROVI-DENTIA·MDCXCI. — Diam. : 0,060. — B.

573. **Luillier** (Jean), président de la Chambre des Comptes, prévôt des marchands. — IO·LVILLIER·REG·A·SECR·CONS·RAT·PRÆS·VRB·PRÆF. Buste drapé; dessous, 1594. ℞. OMNIA·TVTA·VIDES. Le prévôt des marchands, une branche d'olivier à la main, est agenouillé, à gauche, devant Henri IV cuirassé et monté sur un cheval. Exergue : M·D·XCIIII. — Argent avec bélière. — Diam. : 0,052. — T. N., t. II, pl. 18, 2.

574. **Luynes** (Charles d'Albert, duc de), connétable. — CH·DALBERT·DVC·D·LVYNES·PAIR·ET·CONEST·D·FR. Buste à droite, avec fraise et cuirasse ciselée. — Diam. : 0,057.

575. Même buste; dessous, 1621. ℞. QVO·ME·IVRA·VOCANT·ET·REGIS·GLORIA, 1621. Main gantée, sortant d'un nuage et tenant une épée nue, enlacée de palmes et de lauriers. Dessous, un paysage. — Diamètre : 0,057. — T. N., t. II, pl. 11, 2. — B.

576. CAR·DALBERT DVX LVINENSIS P·FRANC. Buste drapé et cuirassé. ℞. FIDELITAS FELICITAS. La Foi donnant la main à la Félicité, qui tient une corne d'abondance. En exergue, CIƆIƆCXX. — Diam. : 0,044.

577. **Malaquin** (Fiacre). — F MALAQVIN ÆT · 37 · 1587. Buste drapé, à droite. R⸱. ARC QVY · MAL · NE FAY (anagramme des noms de F. Malaquin). Apollon tuant le serpent Python. — Diam. : 0,055. — T. N., t. I, pl. 49, 5.

578. **Maleyssic** (Henri de), gouverneur de Pignerol. — H·DE MALEYSSYC PINEROLII GVBERNATOR (la légende sur fond pointillé). Buste cuirassé, col en dentelles. A·DVPRÉ·F·1630. R⸱. FIDA·FORTI-TVDINE (sur fond pointillé). Porte monumentale ; en exergue, le plan de Pignerol. — Diam. : 0,106. — Bélière. — T. N., t. II, pl. 15, 4.

579. **Mandrin** — MANDRIN TEL QU'IL A PARU A LA TÊTE DE SA TROUPE, 1754. Mandrin, de face, à mi-corps, coiffé d'un tricorne, le pistolet dans la ceinture, le fusil à la main droite. R⸱. lisse. — Plomb. — Diam. : 0,041.

580. **Maridat** (Pierre de), conseiller au grand Conseil. — PETR · DE · MARI-DAT · IN · MAGNO · CONSILIO · SENATOR. Buste drapé ; dessous : BELLE. R⸱. DEXTERA · DOMINI · FECIT · VIRTVTEM. Deux Maures soutenant l'écusson. [16]47. — Diam. : 0,056. — T. N., t. II, pl. 17, 4.

581. **Marnix** (Phil. de), seigneur du Mont Sainte-Aldegonde. — PH·DE· MARNIX·S·DVMONT·S·ALDEGONDE. Buste drapé, à droite. 1580. — Cuivre argenté. — Diam. : 0,037.

582. **Maurepas** (Jean-Fréd. Phelipeaux, comte de), ministre de Louis XVI. — JOAN·FREDER·PHELYPEAUX COMES DE MAUREPAS· REGNI·ADMINISTER. Buste drapé. N·M·GATTEAUX·F. R⸱. lisse. — Plomb. — Diam. : 0,059. — T. N., t. III, pl. 54, 3.

583. **Mazarin** (le cardinal). — IVLIVS · CARDINALIS · MAZARINVS. Buste à droite, en habit cardinalice. VARIN. 1648. R⸱. incus. — Plomb, avec bélière. — Diam. : 0,091.

584. **Miron** (François), prévôt des marchands de Paris. — FRANCISCVS MYRON PROPR·ET PRAEF·MERCATOR·VRBIS, 1606. Buste drapé, à gauche. R⸱. VIIS FONTIBVS PORTIS AEDIFICIISQVE

PVBL. Miron présentant un miroir à la ville de Paris assise. Dans le champ : ET DECVS ET SPECVLVM; en exergue : LVTETIA DECORATA. — Cuivre doré. — Diam. : 0,050. -— R⁄. dans le T. N., t. I, pl. 53, 7.

585. Buste drapé de Miron, de face. R⁄. FR·MIRON CON{er} DESTAT LIEVTN CIVIL ET PVOST·DES MARCHANS, .605. P·F. — Diam. : 0,046.

586. **Montausier** (Charles de Sainte-Maure, duc de), gouverneur du Dau-phin. — CH·DE·Ste MAVRE·DVC·DE·MOTAVSIER·G·DE· MG LE·DAVPHIN. Buste cuirassé et drapé, à droite. 1677. R⁄. lisse. — Diam. : 0,063.

587. **Montmorency** (Anne de), connétable. —ANNAS·MOMMORANCIVS· MILITIAE·GALLICAE·PRAEF. Buste drapé, à gauche, coiffé d'un béret et posé sur une base moulurée. — Plaquette rectangulaire à revers incus. — Haut. : 0,107. Larg. : 0,083. — B.

588. Même légende. Buste drapé, à gauche. R⁄. PROVIDENTIA DVCIS FORTISS·AC FOELICISS. Victoire nue entre Bellone et Amphi-trite. — Diam. : 0,052. — T. N., t. I, pl. 46, 3.

589. Autre exemplaire, en cuivre doré. — Diam. : 0,051.

590. **Morcat** (Jérôme), juriste. — HIERONYMVS MORCAT IVR· CONS. Buste drapé. R⁄. IVSTVS VT PALMA FLOREBIT. La Jus-tice debout. — Diam. : 0,04?. — Armand, t. III, 234.

591. **Nesmond** (Guill. de), premier président du Parlement. —GUIL·DE· NESMOND SENATVS PRINC. Buste drapé, en perruque. Graveur : A·R. R⁄. PIETATE IVSTI·ET SUE CONIU·AMO. Sarcophage; dessous : OB·M·DC·XCIII. — Diam. : 0,072. — T. N., t. III, pl. 32, 7. — B.

592. **Neufville** (Camille de), lieutenant-général du Lyonnais. — CAM·DE· NEVFVILLE·ABB·ATHAN·PROREX·LVGDVNENSIS. Buste à droite, en habit ecclésiastique. WARIN, 1661. R⁄. incus. — Bélière. — Diam. : 0,104. — T. N., t. II, pl. 30, 4. — T. B.

593. **Neufville** (Nicolas de), marquis de Villeroi, gouverneur du Lyonnais.
— NIC·DE·NEVFVILLE·MARCH·VILL·GALL·MARESC·REG·
PERS·ET·LVGD·MODER. Buste à droite, cuirassé et drapé.
WARIN, 1651. ℞. incus. — Diam. : 0,102. — T. N., t. II,
pl. 31, 1. — T. B.

594. **Noailles** (cardinal de), archevêque de Paris. — UT SAPIENS ARCHI-
TECTUS FUNDAMENTUM POSUIT. Buste à droite, en habit
ecclésiastique; dessous, les noms et titres du prélat. ℞. L'église de
Saint-Louis-en-l'île, en construction, 1702. — Bélière. — Diam. :
0,059. — T. N., t. III, pl. 35, 5. — B.

595. **Pasquier** (Étienne), avocat général à la Chambre des Comptes. —
STEPH·PASCHASIVS REG·RAT·LVT·PAR·PATRON·æt·76·
AN·1605. Buste drapé, à gauche. ℞. HERCVLES GALLICVS.
L'Hercule Ogmius (de Lucien) enchaînant les hommes par son
éloquence. Exergue : ELOQVENTIA. — Diam. : 0,050. — T. N.,
t. I, pl. 53, 3. — B.

596. **Poitiers** (Guillaume de), 1452-1503. — GVLIERMVS·M·DE POI-
TIERS. Buste drapé, à gauche, coiffé d'un bonnet; dessous, deux
mains jointes. ℞. Dans un encadrement de cornes d'abondance :
Mercure donnant la main à l'Abondance. — Diam. : 0,057. — T.
N., t. I, pl. 41, 6.

597. **Pomey** (Hugues de), prévôt des marchands de Paris. — HVG·DE
POMEY·SEIG^r·DE·ROCHEFORT·CONS^{er}·DV·ROY·EN·
SES·CON^{ls}·PRE·DES MARC. Buste drapé et coiffé d'une calotte.
BIDAV·F. 1662. ℞. incus. — Plomb. — Diam. : 0,111. — B.

598. **Potier** (Gui), médecin de Louis XIV et de Casimir de Pologne. —
GVIDO·POTERIVS·REGVM·FRANC·ET·POLON·CONS·
ET·MED. Buste drapé, coiffé d'une calotte. ROMAE·MDCLXV.
℞. Dans un serpent enroulé : massue et flambeau en sautoir;
dessous, sur une banderole : A NVMINE VIRTVS. — Diam. :
0,041. — B.

599. CONSERVA ME DOMINE. Même buste. ÆT·XL. ℞. Tête de
chérubin et inscription en six lignes : « Guido Poterius u(triusque)

med(icinae) et phylosoph(iae) doctor, Ludovici XIIII, reg. christianiss., et Joannis Casimiri, Polon. et Suec. reg., consiliar(ius) illius utriusq. medic(inae). Romae, 1659. » — Diam. : 0,041.

600. **Potier** (Nicolas), premier président du Parlement. — NICOLAVS· POTIER·SENATVS·PRINCEPS. Buste drapé et coiffé d'une calotte. B·ROVSSEL F. ℞. INTERPRES·LEGIS·SAPIENS. Moïse assis à droite, tenant les tables de la Loi. Exergue : SVB·LVDO- VICO·MAGNO·M·DC·LXXXVII. — Cuivre doré. — Diam. : 0,058.

601. **Rabelais.** — M·FRANCOIS·RABELAIS·D·EN·MEDEC. Buste drapé, de trois quarts, à g., coiffé d'un bonnet. ℞. lisse. — Diam. : 0,051. — T. N., t. I, pl. 44, 1.

602. Même face. ℞. Amour dans un navire; dans le champ, deux monuments antiques de Rome. — Diam. : 0,043. — B.

603. **Rageau** (André), receveur des parties casuelles. — AND·RAGELL· EXACT·REGIS·EXTRAORDI. Buste drapé, à g. ℞. ALTVM· CONSCENDIMVS ALTO. Barque avec son conducteur, 1555. — Diam. : 0,055. — T. N., t. I, pl. 44,4. — Pièce fendue.

604. **Rancé** (Jean-Armand de), abbé de la Trappe. — ABBAS·DE·TRAPPA. Buste revêtu du costume de la Trappe. ℞. LABOR·EST·ANTE ME. La Religion sculptant le buste de l'abbé; sur le piédestal : RESTAVRATORI VITÆ MONASTICÆ. Exergue : M·DC·XCV. — Diam. : 0,056.

605. ARMANDVS·IOAᵒ·ABᵒ·DE TRAPPA. Buste à droite, en habit monacal. CHERON. ℞. REDIVIVA PER ILLVM THEBAIS. L'abbé prosterné devant une croix ; sur le second plan, une montagne. 1693. — Diam. : 0,050. — T. N., t. III, pl. 32, 6. — B.

606. **Richelieu.** — ARMANDVS IOANNES CARDINALIS DE RICHE- LIEV. Buste à dr., en habit cardinalice. ℞. TANDEM VICTA SEQVOR. Quadrige de la France, à g., conduit par la Renommée et suivi d'une Victoire. WARIN, 1630. — Argent. — Diam. : 0,073.

607. **Ris** (Jean-Louis Faulcon de), premier président du parlement de
Normandie. — IO · LVD · FALCO · RIZIVS · SENATVS · NEVS-
TRIÆ · PRINCEPS. Buste drapé, à dr. WARIN, 1647. ℞. incus.
— Cuivre doré, avec bélière. — Diam. : 0,098. — T. N., t. II,
pl. 29, 3. — T. B.

608. **Riva** (Catherine). — CATHARINA RIVA (fleuron). Buste à mi-
corps, à dr., décolleté, la main gauche posée sur la poitrine.
Signature : AN · AB (*Antonio Abondio*). ℞. HAS · HABET · ET ·
SVPERAT. Groupe des trois Grâces, entouré de deux enfants. —
Diam. : 0,072.

> Armand, t. I, 272 (*Abondio*, n° 25), sans le revers.

609. **Rochefort** (Louis Demoulin de), de Blois, médecin du roi. — LODO ·
DEM · DE ROCHEFORT BLESAS MED · R. Buste drapé, à dr.
℞. Guerrier tenant une Victoire, debout entre la Fortune et la
Médecine. Exergue : GENIO · SALVTIS. — Diam. : 0,038. — B.

> Armand, t. II, 256.

610. **Rochefoucauld** (Fr. de la), cardinal, grand aumônier de France (1558-
1645). — EMIN · CARD · FRAN · DE · LA · ROCHEFOVCAVLT.
Buste à dr., en habit cardinalice. T. BERNARD . F. ℞. RVPE ·
FIRMATVR · IN · ISTA. La basilique de Saint-Pierre bâtie sur un
rocher. — Diam. : 0,070. — T. N., t. I, pl. 60, 2.

611. Même face. ℞. Dans une couronne : OPTIMO PARENTI CAN ·
REG · S · G · P (*les chanoines réguliers de Sainte-Geneviève de Paris*). —
Diam. : 0,070.

612. **Rohan** (Anne de), princesse de Guémené. — ANNE DE ROHAN
PRINCESSE DE GVEMENE. Buste décolleté, à dr. VARIN.
℞. SPES DVRAT AVORVM. Aigle planant dans les airs et regar-
dant le soleil. 1631. — Diam. : 0,053. — T. N., t. II, pl. 29, 2.

613. **Rohan** (Henri, duc de), gendre de Sully. — HENRI · ROH D · FR ·
PAR · ARM · REG · MASC · SOB · NAV ET SCOT · PR. Buste cuirassé et drapé, à g. ℞. ET · ADHVC · SPES · DVRAT · AVORVM.
Arbre feuillu entre trois troncs morts. — Cuivre doré. — Diam. :
0,043. — T. N., t. II, pl. 15, 1.

614. **Rohan** (Emm. de), grand-maître de Malte (1775-97). — EMMANUEL DE ROHAN MELITÆ PRINCEPS. Buste cuirassé, à dr. ℞. GLORIA EIUS PER ORBEM TERRARUM. Une Renommée sur un nuage. — Diam. : 0,048. — T. N., t. III, pl. 53, 9.

615. **Rostaing** (Charles de). — CHARLES·MARQVIS·ET·COMTE·DE· ROSTAING, 1652. Buste cuirassé, à dr. ℞.NOSTRE·GRAND· COVRONNEMENT · NE · SE · FAICT · QVAV · MONVMENT. Tombeau orné de figurines. A dr., le marquis de Rostaing faisant signe à la Mort de se retirer. — Diam. : 0,064 — T. N., t. I, pl. 64, 7. — T. B.

616. **Rostaing** (Raoul de). — ℞. FRANCE·IE·SERAY POVR·VOVS· ENVERS TOVS ET·CONTRE·TOVS. La France assise, à dr.; devant elle, le baron de Rostaing agenouillé et suivi de soldats suisses. — Bélière. — Diam. : 0,061. — T. N., t. I, pl. 64, 6.

617. **Ruzé d'Effiat** (Ant.), surintendant des Finances. — A·RVZE·M· DEFFIAT·ET·D·LONIVMEAV·SVRᵗ·DES·FINANCES. Buste à dr., cuirassé et drapé. ℞. QVIDQVID·EST·IVSSVM·LEVE· EST. Atlas posant le globe sur les épaules d'Hercule. — Diam. : 0,067. — Cuivre doré. — T. N., t. II, pl. 14, 2.

618. **Saint-Martin** (Michel de). — MICHEL·DE SAINCT·MARTIN· ESCVIER·S : DE·CAVIGNY. Buste drapé, à dr., 1638. En exergue : 56. ℞. lisse. — Diam. : 0,085. — B.

619. **Sanzay** (René de). — RENATVS COMES DE SANZAYO VICEC· PICT·TRIBVNVS NOBILI·FRANCIÆ. Buste cuirassé, à dr. ℞. VEL MEDIO SIC IBITVR ORCO. Guerrier armé de toutes pièces, debout et tenant la croix et un bouclier. Exergue : 1570 (gravé). — Diam. : 0,045.

620. **Seguier** (Pierre), chancelier de France. — PETRVS SEGVIER FRAN-CIÆ·CANCELLARIVS. Buste à dr., avec la simarre et la calotte. ℞. Les armes du chancelier gravées au burin. — Diam. : 0,079. — Bronze doré avec bélière. — B.

621. PETRVS SEGVIER EQVES FRANCIÆ NOMOPHYLAX. Même buste. ℞. CONVENIVNT CERTANTQVE SIMVL. La Justice

assise et la Religion sacrifiant sur un autel. Exergue : 1633. —
Diam. : 0,073.

622. PET·SEGVIER·FR·CANCEL·DVX·VILLEMORT. Buste à dr., avec
la simarre et la calotte. R⫯. HIC·OMNIA·IVRE·RESOLVIT. Sous
un dais : table couverte d'un tapis fleurdelisé ; dessus, un agneau
couché, à g., sur un livre fermé. — Bronze doré. — Diam. : 0,055.
— T. N., t. I, pl. 68, 7.

623. **Seguier (Pierre) et sa femme Madeleine Fabri.** — PETRVS·
SEGVIER·FRANCIÆ·CANCELLARIVS·MAGDALENA·FABRI·
VXOR·EIVS. Bustes géminés. R⫯. REPERIT·DOMVS·ORBA·
PARENTES, 1641. Femme assise à g. ; devant elle, un enfant et
un homme agenouillé qui lui présente le petit modèle d'une
église. Dans le haut, l'écusson de Seguier. — Cuivre doré, avec
bélière. — Diam. : 0,072. — T. N., t. I, pl. 68, 6.

624. **Sève (Alexandre de),** quatre fois prévôt des marchands de Paris. —
ALEX·DE·SEVE·VRB·PAR·PRÆF·IIII. Buste drapé, avec la
simarre et la calotte. R⫯. incus. — Diam. : 0,050. — T. N., t. I,
pl. 65, 3.

625. Même face. R⫯. NEC DEVIAT VSQVAM. Vaisseau voguant ; sur
l'avant, un lion. Exergue : 1661. — Diam. : 0,050. — T. N., t. I,
pl. 65, 3.

626. **Strozzi (Pierre),** maréchal de France (1554-58). — PIERRE·
STROSSY·CHEVALLIER·DE·LOR·DV·ROY·ET·MAR·DE·
FRAN. Buste cuirassé, à g. ; sur la tranche du bras : ANTO (?)
dans un cartel. R⫯. incus. — Diam. : 0,077.

    Armand, t. II, 201, nº 30 (sans la signature).

627. **Sully (duc de).** — MAXI·DE·BETHVNE DVC DE SVLLY G·M·DE
LART·DE·F. Buste cuirassé et drapé, 1607. R⫯. QVO IVSSA
IOVIS. Aigle tenant le foudre ; dessous, une ville fortifiée. —
Diam. : 0,043. — Cuivre doré. — B.

628. MAX BETH DUC DE SULLY. Buste cuirassé, à dr. R⫯. lisse. —
Bronze doré. — Diam. : 0,059.

629 . **Suzanne** (Joseph), récollet. — F·IOSEPHVS·SVSANE+RECOLLEC-
TVS·MDCCIX. Buste à mi-corps, en habit monacal. C·DUBUT·F.
R⫾. incus. — Diam. : 0,133. — B.

630 . **Suze** (Henriette de Coligny, comtesse de la). — HEN^(TE) DE COL^(NY)
C^(SE) DE LA·SUZE. Buste décolleté, à g. R⫾. plat. — Diam. : 0,063.

631 . **Talaru** (Jehan de). — D·IOHANNES·DE·TALARV, 1515. Buste
drapé, coiffé d'un bonnet. R⫾. ACCELERA·VT·ERVAS·ME. 1515.
Ange tenant un écusson. — Diam. : 0,047.— Armand, t. II, 144.

632 . **Talon** (Omer), avocat-général au Parlement. — AVDOMARVS
TALEVS IN SVPR·PAR·CVRIA PATR. æt. 57. Buste drapé, à
dr. R⫾. Palme et laurier en sautoir. HVNC MIHI VVLTVM FIN-
GERE IVSSIT PIGNVS AMORIS. Exergue : N·GAB·IACQ·F,
CIꓛ Iꓛ CXV. — Diam. : 0,046. — Variante de T. N., t. I, pl. 64, 5.

633 . **Talon** (Denis), fils d'Omer Talon, avocat-général et procureur général de la Chambre de justice. — DIO·TALON·ADV·GEN·ET
CAM·IVST·PROC·CATH. Buste drapé, à g. R⫾. HIC LVCE
ANTEIT OMNES. Vue de Paris; au ciel, une planète et des étoiles.
1663. — Diam. : 0,049. — T. N., t. III, pl. 9, 7.

634 . **Talon** (Jacques), fils d'Omer Talon, avocat-général au Parlement
(1621-32). — IAC·TALÆVS IN SVPR·GALLIAR·CVR·REGIS
ADVOC·GENERAR (*sic*). Buste drapé, à g. R⫾. HERMATHENA.
Les bustes de Mercure et de Minerve adossés sur une base. 1625. —
Diam. : 0,045. — T. N., t. I, pl. 58, 5.

635 . **Thou** (Christophe de), mort en 1582, père de l'historien. —CHRIS-
TOPHORVS THVANVS·PP. Buste drapé, à dr. En exergue : IA·
PRIMA. R⫾. VT PROSINT ALIIS NON VT SIBI. Abeilles autour
d'une ruche. — Diam. : 0,060. — T. N., t. I, pl. 48, 2.

       Armand, t. I, 278 (*Primavera*, n. 17).

636 . **Tournon** (François de), cardinal. — F·DE·TVRNONE·S·R·E·P·
CARD·ETA. 46. Buste à g., drapé et coiffé de la barrette; dessous : 1535. R⫾. lisse. — Diam. : 0,071. — B.

637 . **Toyras** (Jean, marquis de), maréchal de France. — LE MARESCHAL

DE TOYRAS. Buste cuirassé, col en dentelles. GVIL. DVPRE F.
1634. R⚬. ADVERSA CORONANT. Le soleil entouré de nuages.
— Diam. : 0,057. — T. N., t. II, pl. 14, 3.

638. **Trivulce** (Jean-Jacques), maréchal de France, marquis de Vigevano. —
IO·IACOBVS·TRIVVLS·MAR·VIG·FRA·MARESCALVS. Buste
lauré et cuirassé, à g. Écussons aux quatre angles. R⚬. Inscription en
neuf lignes : « 1499. Expugnata Alexandria, deleto exercitu, Ludovi-
cum Sf. M(edio)l(an)i duc(em) expellit, reversum apud Novariam
sternit, capit. » — Médaille carrée. Haut. : 0,046 sur 0,047. —
Armand, t. I, 110. — T. B.

    Médaille de *Caradosso.*

639. IO·IA·TRI·MAR·VIG·FRAN·MARE. Buste lauré et cuirassé. R⚬.
NEC·CEDIT·VMBRA·SOLI. Buste de Trivulce, drapé et coiffé
d'un bonnet. — Diam. : 0,042. — Armand, t. II, 103. — B.

640. + IO·IA·TRI·MAR.VIGLE·ET·FRAN·MARESCAL. Buste cui-
rassé, coiffé d'un bonnet. R⚬. ME·DVCE·TVTVS·ADIBIS·AS-
TRA. La Paix tenant une palme et un caducée. — Diam. : 0,039.
— Armand, t. II. 103. — B.

641. **Trois-Dames** (Jacques), échevin de Paris. — IAC·TROIS-DAMES·
ÆDIL·PAR. 1674. Buste drapé, à dr.; dessous, F.C en creux. R⚬.
incus. — Diam. : 0,067. — B.

642. **Turenne.** — Buste cuirassé, à dr., sur fond limé. R⚬. lisse. — Médaillon ovale. — Haut. : 0,061.

643. **Varoquier** (Fr. de), trésorier de France. — FRAN·DE·VAROQVIER·
MILES·ÆRAR·FRAN·PREFECT·PRIMIC. Buste drapé, en perruque. R⚬. IN·ADVERSIS·ET·PROSPERIS·VNVS. Écusson soutenu par deux licornes. 1678. — Diam. : 0,067.

644. **Verdale** (Hugues de Loubens-), grand-maître de Malte. —+F·HVGO
DE LOVBENX VERDALA MAG·HOSP·HIE. Buste drapé, à g.
R⚬. + GRATIA DEI VNITI GEMINAMVR. Écu écartelé, 1586.
— Diam. : 0,052.

645. **Vic** (Méri de), seigneur d'Ermenonville, garde des sceaux. — MERI-CVS DE·VIC FRANCIÆ PROCANCELLARIVS, 1622. Buste drapé, à dr. ℞. NEC PRECE NEC PRECIO. La Justice debout. — Diam. : 0,062. — T. N., t. II, pl. 12, 3.

646. **Vigor** (Simon), conseiller au grand Conseil. — SIM·VIGORIVS IN MAG·CONS·REGIO CONSILIARIVS ⅭⅮCXIX. Buste drapé, à dr. ℞. lisse. — Diam. : 0,043. — T. N., t. II, pl. 17, 2.

647. **Villars** (Balthasar de), prévôt des marchands de Lyon. — B·DE VIL-LARS·PRÆSES·ET·PRÆTOR·LVGD. Buste drapé, à dr. G·DVPRE·F. ℞. FORTIS·FORTVNA·FORTIOR·MDC. Écusson. — Bélière. — Diam. : 0,046.

648. **Vitry** (Jacques de). — D·IACOBVS·DE·VITRI. 1515. Buste drapé, à g., coiffé d'un bonnet. ℞. NON·CONFVNDAS·ME·AB·EXPECTACIONE·MEA. Ange portant l'écusson de Vitry. — Diam. : 0,048. — T. N., t. I, pl. 43, 1.

649. **Wignacourt** (Adrien de), grand-maître de Malte. — F·ADRIANVS DE WIGNACOVRT M·M·H·S·SEP. Buste de face, cuirassé et drapé. ℞. uni. — Médaillon ovale. — Haut. : 0,096.

650. **Wignacourt** (Alof de), grand-maître de Malte. — + FRATER ALO-FIVS DE WIGNACOVRT. Buste drapé, à g. Sur la tranche du bras : 160[2]. — ℞. + M·MAGISTER HOSPITALIS HIERV-SALEM. Écu couronné, accosté de 1602. — Diam. : 0,055.

651. Portrait d'une dame française du XVe siècle. Buste drapé, à droite, les cheveux enveloppés d'une broderie. ℞. lisse. — Médaille ovale. — Haut. : 0,051. — T. B.   *Planche* XII.

652. Buste de femme en costume du XVIIe siècle. Sein à découvert; diadème, boucles d'oreilles et collier. F·CHERON. ℞. incus. — Bronze doré. — Diam. : 0,059.

653. Portrait de femme. — Buste à droite, avec double collier, la gorge découverte. En exergue : AB·DVPRE·F. ℞. incus. — Diam. : 0,124. — B.

654. Buste décolleté de jeune femme, à droite (époque de Louis XIV). Graveur : J. R(oettiers). — ℞. lisse. — Bronze doré. — Diam. : 0,075. — T. B.

655. Buste d'un inconnu, vêtu de la simarre (époque de Louis XIII). — Ovale. — Haut. : 0,051. — T. B.

656. Buste cuirassé d'un général suédois de la guerre de Trente ans. Moulure en bordure. — Diam. : 0,102. — B.

657. Médaille du Conseil des Cinq-Cents (an VI). Æ. — Napoléon. ℞. Arc de triomphe. Æ. — Napoléon. ℞. LE SÉNAT ET LE PEUPLE. Petite médaille d'or, avec bélière. — Napoléon et Marie-Louise, jeton de mariage en or.

658. Six médailles en argent : Prince de Condé (1668), Maurice de Saxe, Crébillon (1740), Buirette de Belloy, Jérôme Bignon, et la médaille de Crimée à l'effigie de la reine Victoria.

659. Quatorze médailles d'argent de Louis XIV, Louis XV, Louis XVI, etc.

660. Dix-neuf médailles d'argent et une en bronze, frappées en 1820 pour la naissance du duc de Bordeaux. — Étui du temps, à fers dorés.

661. Quatre médailles de *F. Chéron* : Le prince de Condé (1678), les peintres Le Brun et Mignard, et un anonyme à la légende : O SOL LVNA NIMIS LVCES. ℞. Pégase. — Bronze.

662. Huit médailles de *S. Curé* : Campra (maître de la musique du roi), de Lalande (surintendant de la musique du roi), Lully, Molière, Quinault, Rapin, Vanier et Voiture. — Bronze.

663. Vingt grandes et belles médailles de Louis XIV, en bronze doré. Les effigies, les sujets et les légendes se détachent en or sur un fond bruni et luisant. — Diam. : 0,075 à 0,055.

664. Quatre médailles en bronze doré : Louis XIV, Mazarin et Voltaire.

665. Neuf médailles de bronze : Mazarin, Turenne, Lamoignon, cardinal de Bérulle, cardinal de Bouillon, le Régent, Ant. Ferrand (prévôt des marchands), Nic. Delaunay (directeur de la Monnaie) et Ant. Coypel.

666. Deux médailles de *Saint-Urbain* : duc et duchesse d'Orléans. — Bronze.

667. Médailles diverses en argent, en bronze et en plomb.

PLAQUETTES, ETC.

668. Plaquette ronde, en argent repoussé : l'enlèvement d'Hélène. Dessous : D·COCHIN. — Diam. : 0,050. — B.

669. Grande plaquette du xvi⁰ siècle : sujet érotique. — Diam. : 0,139. — B.

670-671. Deux plaquettes ovales, faisant pendant : Vénus marine, portée par des dauphins, et Jeune homme assis dans l'herbe et tenant un râteau. — xvi⁰ siècle. — Long. : 0,080.

672. Neptune dans un quadrige en forme de coquille. — Plaquette ovale du xvi⁰ siècle, dans une bordure en argent. — Haut. : 0,080. — Molinier, n° 590.

673. Plaquette de Giovanni delle Corniole : le jugement de Pâris. Signature : IO·F·F. — Diam. : 0,053. — Molinier, n° 134.

674. HANC·PENITVS. Diane chasseresse allant à gauche, suivie de trois nymphes qui tiennent un lion en laisse. Ŗ. incus. — Plomb. — Diam. : 0,070.

675. **Hélène.** — HELENA REGINA IN GREGE ANTE XPS MV' (légende sur la bordure biseautée). Buste décolleté, à gauche. Ŗ. lisse. — Médaille ovale. — Haut. : 0,067.

676. Plaquette carrée, représentant un groupe de cinq enfants dans un paysage. — xvii⁰ siècle. — B.

677. La pagode de Chanteloup. — Grand médaillon en étain, par J. F. Spits; bordure en bronze. — Diam. : 0,118.

678. Épreuve, en étain, du sceau de la Connétablie et Maréchaussée de
   France, décrit dans Chassant et Delbarre, *Dictionnaire de Sigillogra-
   phie*, p. 59. — Sous verre, dans un cadre en bronze, du premier
   Empire.

679-680. Deux épreuves de sceaux français du xviiie siècle, en étain.

681-682. Deux médaillons en écaille dorée, représentant l'un le *Coucher de la
   Mariée*, l'autre le *Fruit de l'amour secret*, d'après les estampes célèbres
   de Baudouin. — Diam. : 0,099.

683. Médaillon en terre cuite : temple de Vénus. — xviiie siècle. —
   Diam. : 0,061.

684. Sept insignes en plomb, en étain et en cuivre : IVRISDICTION DE
   CHAPPITRE, loterie royale, officiers porteurs de sel (1777), Hôpital
   général (1661), porte-sac de la Ferté-sous-Jouarre, Usager de
   Fontainebleau, etc.

MONNAIES FRANÇAISES

MONNAIES FRANÇAISES

685. *Gaule.* — Tectosages, Æ. — 3 pièces en potin et un saïga mérovingien.

686. *Mérovingiennes.* — Senlis. **+ SILVANECTES.** Buste drapé. ℞. **+ DOMMVS MON.** Victoire. — Tiers de sou d'or. — Prou, n° 1089.

687. Pfælzel. — **PALATIOLO+.** Buste drapé, à g. ℞. **DOMERIGE+.** Croix ancrée. — Tiers de sou d'or. — Var. de Prou, n° 919.

688. *Carlovingiennes.* — Quatre deniers d'argent : Charles le Chauve (Bayeux), Eudes (Angers), Louis III (denier au Temple) et Conrad (Lyon).

689. **Louis IX** (1226-70). — Denier d'or à l'écu. — **✠ LVDOVICVS : DEI : GRACIA : FRANCOR : REX.** Écu en pointe, chargé de six fleurs de lis et entouré d'une bordure à huit arceaux. ℞. **✠ XP'C · VINCIT · XP'C · REGNAT · XP'C · IMPERAT.** Croix feuillue cantonnée de quatre fleurs de lis. (Superbe pièce trouvée à Paris). *Planche* XIV.

Baron J. Pichon, *Annuaire de la Société de Numismatique*, t. I, p. 182.

690. Royal d'or. — **✠ LVDOVICVS · DEI · GRA · REX · FRAN'.** Couronne entre les mots **REGALIS** et **AVREVS.** ℞. **✠ XP'C ·**

VINCIT·XP'C·REGNA'·XP'C·IMPERAT. Croix feuillue
avec la couronne d'épines en cœur et quatre fleurs de lis dans les
cantons. — T. B. *Planche* XIV.

A. de Longpérier, *Revue numismatique*, 1861, p. 363-365. — Baron J. Pichon,
Annuaire de la Société de Numismatique, t. I, p. 182-183.

691. Agnel d'or. — ✠ AGN' D'I QVI TOLL' PECA MVDI MISE-
RERE NOB'. Agneau nimbé, à g.; près de lui, une croix avec
pennon; dessous : LVO' REX. ℞. ✠ XP'C·VINCIT·
XP'C·REGNAT·XP'C·INPERAT. Croix feuillue dans une bor-
dure quadrilobée et cantonnée de quatre fleurs de lis. — T. B.
Planche XIV.

Baron J. Pichon, *Annuaire de la Société de Numismatique*, t. I, 183.

692. Gros tournois. — ℞. 2 pièces.

693. **Philippe III** (1270-85). — Petit Royal ou Mantelet d'or. Pb' :
DEI : GRA FRACOR' : REX. Le roi couronné, debout et
tenant un sceptre; de chaque côté, une fleur de lis. ℞. ✠ XP'C :
VICIT : XP'C : RNAT : XP'C : IPERAT. Croix fleurdelisée
dans une bordure à quatre arceaux, cantonnée de quatre trèfles. —
B. *Planche* XIV.

694. Masse d'or, au type du roi assis sur un trône. — B.

695. Gros tournois à la légende ✠ PhILIPVS·REX. — ℞. 2 pièces.

696. **Philippe IV le Bel** (1285-1314). — Agnel d'or. — T. B.

697. Chaise d'or : le roi assis, de face, sur un trône et tenant un sceptre et
un lis. — T. B.

698. Masse d'or.

699. **Louis X** (1314-16). — Agnel d'or avec LVO' REX et un maillet. —
B.

700. **Charles IV** (1322-28). — Maille blanche avec FRANChORVM. —
Maille noire. ℞. Couronne. — ℞. et billon, 2 pièces.

701. **Philippe VI** (1328-50). — Pavillon d'or. — B.

702. Couronne d'or. — ✠ Ph'·DI·GRA·REX·FRANC. Couronne royale entourée de six fleurs de lis. R⁄. ✠ XP'C : VINCIT : XP'C : REGNAT : XP'C : IMPERAT. Croix feuillue, ornée de glands et cantonnée de quatre lis couronnés; autour, une arcature. — T. B. *Planche* XIV.

703. Ange d'or. — T. B.

704. Florin-Georges. — ✠ PHILIPPVS : DEI : GRACIA : FRANCO-RVM : REX. Saint Georges à cheval, à g., combattant le dragon. Champ semé de fleurs de lis et bordé, en partie, d'une arcature. R⁄. ✠ XP'C : VINCIT : XP'C : REGRAT : XP'C : INPERAT. Croix fleurdelisée dans une bordure à quatre lobes, cantonnée de quatre écussons. — B. *Planche* XIV.

705. Gros à la queue.

706. **Jean le Bon** (1350-64). — Écu d'or et Royal d'or avec IOh'ES. — 2 pièces.

707. Gros tournois à la couronne. — Æ.

708. Gros blanc à la couronne, avec FRANCORV·REX. — Billon.

709. Gros blanc aux fleurs de lis. — Billon.

710. **Charles V** (1364-80). — Franc-à-pied. — Or, 4 exemplaires.

711. Florin d'or pour le Dauphiné, avec ✠ KROL DPh'S·V. R⁄. Saint Jean-Baptiste.

712. Gros delphinal. — Billon.

713. **Charles VI** (1380-1422). — Mouton d'or, avec KRL·REX (pièce attribuée, à tort, à Henri V).

714. Gros à trois fleurs de lis sous une couronne. — Billon.

715. Gros heaumé. — KAROL : FRACORV : REX. Écu de France timbré d'un heaume; point sous la 14ᵉ lettre. R⁄. ✠ SIT : ROME : DPI : BENEDICTV. Croix ancrée et pommetée, cantonnée de

quatre globules. — Argent. — Très belle pièce, dont on ne connaît que 4 exemplaires trouvés à Paris, en 1863, dans le quartier du Temple. *Planche* XIV.

Baron J. Pichon, *Revue numismatique*, 1863, p. 251-257 (pl. xii).

716. Autre exemplaire, fragmenté.

717. **Henri VI** (1422-53). — Salut d'or, l'ange tourné à g.

718. Angelot d'or. — T. B.

719. **Charles VII** (1422-61). — Écu d'or à la couronne.

720. Demi-écu d'or à la couronne, frappé à Montpellier.

721. Autre exemplaire, frappé à Paris.

722. Gros d'argent de Gênes. — IhS : C : REX : FRA : COR : D : IAP. Portail génois entre deux fleurs de lis. R/. ✠ : CORRAD : REX : RO : P̄. Croix. — T. B. *Planche* XIV.

723. **Louis XI** (1461-83). — Écu d'or à la couronne.

724. **Charles VIII** (1483-97). — Écu d'or au soleil. R/. A et B dans les cantons de la croix. — *Variété inédite.*

725. Trois écus d'or au soleil, l'un à la croix cantonnée d'un B et d'un croissant, les autres frappés pour la Bretagne et le Dauphiné.

726. Hardi pour la Bretagne, au buste du roi de face. — Billon.

727. **Louis XII** (1497-1515). — Écu d'or au soleil, pour la Provence.

728. **François I**er (1515-47). — Écu d'or au soleil, la croix cantonnée de deux F et de deux fleurs de lis.

729. Écu d'or du Dauphiné, écu d'or aux salamandres, teston, demi-teston et blanc. — En tout, 6 pièces.

730. **Henri II** (1547-59). — Écu d'or aux croissants. — (Soleil) HENRI-CVS D G FRANCOR · REX 1552 (roses dans les deux C). Écu de

France entre deux croissants ; à la pointe, A. ℞. + CHRS VINCIT
CHRS REGNAT CHRS IMP (roses dans les deux premiers C).
Croix fleurdelisée, cantonnée de deux H et de deux croissants.
Frappé à Paris. — T. B.

731. Essai du double Henri d'or. — HENRICVS · II · DEI · G · FRANCORZ
REX. Buste lauré, la cuirasse ciselée. — ℞. OPTIMO PRINCIPI,
et en exergue : GALLIA. La France assise sur un monceau d'armes
et tenant une figurine de la Victoire. Tranche lisse. Frappé à
Rouen. — T. B.   *Planche* XV.

732. Teston de 1553, frappé au moulin de Paris. — Æ.

733. Teston au croissant. — HENRICVS II D G FRANCORZ REX. Buste
lauré et cuirassé. ℞. + DVM TOTVM COMPLEAT ORBEM.
Croissant sous couronne ; dessous, un A. Rosaces dans les C et le
premier O du revers. — Argent doré. — B.   *Planche* XV.

734. Teston de 1552, frappé au moulin de Paris. — Argent.

735. Autre, de 1557.

736. **François II (1559-60) et Marie Stuart.** — Gros d'argent aux lettres
FM sous couronne, entre une fleur de lis et un chardon, 1560.

737. Gros d'argent. — FECIT VTRAQVE VNVM. Chiffre couronné entre
deux croix de Lorraine, 1559.

738. Gros d'argent. — DILIGITE IVSTICIAM · 1553 (*sic*). Chiffre couronné entre deux molettes. — B.

739. **Marie Stuart.** — MARIA · DEI · GRA · SCOTORVM · REGINA. Buste
drapé, à g., 1561. ℞. SALVVM · FAC · POPVLVM · TVVM ·
DOMINE. Écu accosté de deux M couronnés. — Argent. — B.
                                                   Planche XV.

740. **Charles IX (1560-74).** — Écu d'or (1575) et demi-écu d'or (1561).

741. Trois testons (1561, 1569 et 1575) et le sol parisis (1567) avec un P
au centre de la croix. — Argent.

742. **Henri III (1574-89).** — Quart d'écu de Saint-Quentin. — + HEN-
RICVS · III · D · G · FRAN · ET · POL · REX. Croix fleurdelisée.

R). + H·DORLEANS·D·A·LONGVAVIL·FACIEBAT. Dans le champ, en cinq lignes : PRO·CHRISTO·ET·REGE·S·Q·1589. — Argent. — B.   *Planche* XV.

743. Demi-franc (1587 ; G sous le buste) en argent, et gros de Nesle (1583) en billon.

744. Pièce triangulaire en argent, frappée en 1581 après le siège de Cambrai.
     Robert, pl. 36, 2.

745. **Charles X,** cardinal de Bourbon (1589-90). — Écu d'or, 1592.

746. Écu d'or (1590) à la légende : + SIT·NOMEN·D·BENEDICTVM. (L au centre de la croix.) — Rare. — B.

747. Franc. — CAROLVS·X·D·G·FRANCORVM·REX·1590·A. Buste drapé et couronné, à g. R). + SIT·NOMEN·DOMINI·BENE-DICTVM. Croix feuillue et fleurdelisée ; au centre, deux C croisés. — Argent. — B.   *Planche* XV·

748. Douzain en billon, 1593.

749. **Henri IV** (1589-1610). — Écu d'or aux quotre H, 1592, frappé à Tours. — B.

750. Écu d'or de 1605, frappé à Tours.

751. Demi-écu d'or de 1608, frappé à Rouen.

752. Petite médaille en or aux effigies de Henri IV et Marie de Médicis, 1605. R). Écu de France-Toscane.

753. Siège de Cambrai, 1595. — Pièce octogone en cuivre valant 20 patards.

754. La même pièce en carton.
     Robert, pl. 40, 1.

755. **Louis XIII** (1610-43). — Écu d'or de 1615.

756. Double louis d'or, 1640 (Paris).

757. Demi-louis d'or, 1643 (Paris).

758. Demi-franc, 1641 ; L au centre de la croix. — Louis d'argent de 30 sols, 1642 (Paris).

759. Siège d'Aire en Artois. — Pièce carrée en argent. LVD·XIII REX PIVS IVSTVS INVICTVS ARIA VNO Aº BIS OBSES. 1641. — B.

760. **Louis XIV** (1643-1715). — Double louis d'or, 1648, frappé à Bordeaux. — B.

761. Demi-louis d'or, 1646 (Paris). — T. B.

762. Lis d'or, 1656 (Paris).

763. Louis d'or, 1668 (Paris). — 3 exemplaires.

764. Double louis d'or, 1690 (Rouen). — T. B.

765. Louis d'or, 1690 (Montpellier). — B.

766. Demi-louis d'or, 1691 (Bayonne).

767. Louis d'or aux quatre fleurs de lis couronnées, 1694 (Paris).

768. Demi-louis d'or au même type, 1694 (Paris).

769. Double louis d'or à la croix de huit L couronnées, 1702 (Bayonne). — T. B.

770. Demi-louis d'or au même type, 1702 (Caen). — B.

771. Autre exemplaire, 1701 (La Rochelle).

772. Demi-louis d'or aux quatre fleurs de lis couronnées, brochant sur le sceptre et la main de justice, 1704 (Paris).

773. Double louis d'or aux huit L couronnées, le soleil en cœur, 1710 (Lyon). — B.

774. Louis d'or au même type, 1709 (Paris).

775. Demi-louis d'or au même type, 1710 (Dijon).

776. Écu blanc de 60 sols, 1643 (Paris).

777. Écu de France-Navarre et Béarn, 1651 (Pau).

778. Écu du Parlement, 1673 (Paris) et 1680 (Amiens).

779. Le même, pour la Navarre, 1672.

780. Écu aux trois couronnes, 1709 (Tours).

781. Pièce de 15 deniers (1644). — Cinq demi-écus, 1666.79.80.84 et 94. — Quart d'écu, 1667. — Argent, 7 pièces.

782. Siège de Saint-Venant, 1657. — Timbre rond figurant une fleur de lis. Pièce d'argent taillée dans la vaisselle du maréchal de Turenne et montée dans un cadre (moderne) en or. — Très rare. — T. B.
Planche XV.

783. Siège de Landau, 1702. — Timbre rond aux armes du général de Mélac et timbre rectangulaire avec la légende 4·LIVRE·4·S, LAN-DAV·1702. Quatre fleurs de lis poinçonnées. Pièce d'argent taillée dans un plateau.

784. Variante, la marque de valeur IIII·LIVRE dans un poinçon rectangulaire et complétée par les sigles : 4 S; un autre timbre porte : LANDAV, 1702. Huit fleurs de lis poinçonnées.

785. Moitié du nᵒ précédent. 2·LIVRE·2·S. Quatre fleurs de lis.

786. Quart. 1·LIVRE·1·S. Quatre fleurs de lis.

787. Siège de Tournai, 1709. — Pièce quadrangulaire taillée dans un plat d'argent. Buste lauré, à g. M DE SVRVILLE; dessus, 20.

788. Siège d'Aire en Artois, 1710. — Pièce octogone en argent. ARIA· OBˢ ·PRO·REGE·ET·PATRIA. Écu couronné, 1710; dessus, 25.

789. **Louis XV** (1715-74). — Louis d'or aux insignes, 1716 (Paris). — T. B.

790. Demi-louis d'or aux insignes, fr. à Lille. — La pièce a souffert par un tréflage.

791. Louis d'or de Noailles, 1717 (Paris).

792. Demi-louis d'or de Noailles, 1717 (Paris).

793. Louis d'or, dit Mirliton, 1725 (Tours). — B.

794. Demi-louis d'or aux lunettes, 1726 (Reims).

795. Demi-louis d'or au bandeau, 1741 (Paris). — T. B.

796. Autre exemplaire, 1746 (Troyes).

797. Écu d'argent de 5 livres, dit Vertugadin, 1715 (Angers).

798. Écu de Navarre, 1718 (Paris).

799. Écu au bandeau, 1740 (Paris).

800. Petit louis d'argent, 1720 (Paris).

801. **Louis XVI** (1774-93). — Louis d'or aux palmes (par *Duvivier*), 1774. Très belle pièce, frappée en essai.

802. Louis d'or aux palmes, 1774 (Paris). — 2 exemplaires.

803. Double louis d'or aux lunettes (écussons de France-Navarre), 1778. Frappé à Pau.

804. Louis d'or aux lunettes, 1779 (La Rochelle).

805. Demi-louis d'or aux lunettes, 1777 (Limoges).

806. Louis d'or, 1786 (Strasbourg).

807. Louis d'or, 1791 (La Rochelle).

808. Essai de l'écu d'argent de Calonne. Sous le buste : J·P·DROZ·F.; bordure fleurdelisée. ℞. SIT NOMEN DOMINI BENEDICTVM, 1786. Sur la tranche : DOMINE·SALVVM·FAC·REGEM. — T. B.

809. Essai du louis d'or de Calonne, frappé sur flan d'argent, 1787. — B.

810. **République**. — Essai du Monneron de deux sols, frappé en argent, 1791. — Très rare. — B.

811. **Napoléon**. — Pièce d'or de 20 francs, an 10. L'ITALIE DÉLIVRÉE A MARENGO.

812. Siège de Cattaro, 1813. — Pièce de 5 fr. DIEU PROTEGE LA FRANCE. Grand N couronné; dessous, 1·O. ℞. CATTARO EN ETAT DE SIEGE, 1813. Fusil, canon et épée en sautoir. — Argent.

813. Siège de Zara, 1813. — Dans un cartouche : 1·O et 4' 60ᶜ. ℞. ZARA, 1813. Aigle sur le foudre. — Argent.

814. **Louis-Philippe** (1830-48). — Pièce d'or de 20 fr., 1831.

----

815. *Édouard*, le Prince-Noir. — Pavillon d'or. — Poey d'Avant, pl. 64, 14.

816. *Charles Iᵉʳ d'Anjou*. — Augustale en or. — + KAROL DEI : GRA̅· Buste couronné et drapé, à dr.; derrière, une fleur de lis; devant, une étoile. ℞. + REX : SICILIE. Écu de Provence. — Caron, pl. 15, 2. — T. B.

817. Jeanne de Naples : franc-à-pied en or. — Louis Iᵉʳ, comte de Provence : florin d'or (Poey d'Avant, pl. 91, 14). — Humbert, dauphin de Viennois : florin d'or. — B.

818. *Pierre de Bourbon*. — + PETRVS·D[V]X·BORBONI·TREVOSI· DUS. Buste drapé et diadémé, à g. ℞. (Lis) DEXTE·RA·DNI· EXALTAVIT·ME. Le duc à cheval, armé de pied en cap et galopant à dr. — Or. — Variété de Caron, pl. 22, 22.

819. *Louis de Male*. — Lion heaumé en or.

820. *Frédéric II*. — Augustale en or. — B.

----

821. *Syracuse*. — Tête laurée d'Apollon, à g., de beau style; derrière, une petite amphore. ℞. ΣYPAKOΣIΩN. Trépied. — Électrum 3. — T. B.

822. *Antistia* (famille). — C·ANTISTIVS·VETVS·III·VIR. Buste de femme. ℞. IMP·CAESAR·AVGVS·COS·XI. Simpule, lituus, trépied et patère. — Denier d'argent. — Babelon, n. 24. — B.

823. *Valentinien III*. — Sou d'or. ℞. VICTORIA AVGGG. L'empereur tenant le labarum et foulant sous ses pieds un serpent à tête humaine. — Cohen, n. 19.

824. *Tibère V*. — Tiers de sou d'or (Sabatier, pl. 37, 28) et une pièce indo-scythe en or, avec bélière.

825. Monnaies grecques : Marseille, Velia, Neapolis, Philippe de Macédoine, Égine, Rhodes, Carthage. — Argent, 8 pièces.

826. Monnaies romaines, consulaires et impériales. — Argent, 9 pièces.

827. Monnaies romaines en bronze, 13 pièces.

828. Philippe-Auguste, Louis III, Philippe III, Philippe IV, etc. — Deniers et oboles, 8 pièces.

829. Jean le Bon, Charles V, Charles VI, Charles VII, Charles VIII. — Blancs. gros, etc., 17 pièces.

830. François Ier, Henri II, Henri III. — Testons, 1/2 testons, douzains, etc., 13 pièces.

831. Louis XIV et Louis XV. — Demi-écu, quart d'écu et divisions, 18 pièces.

832. Louis XVIII, Visite du duc de Berry à la Monnaie, Iles du Vent, Gaule subalpine. Milan, Girone, Palma. — Écus ou pièces de 5 francs, 7 pièces.

833. Henri V, 1831. Pièces de 5 francs et 1 franc. T. B.

834. Monnaies baronales : Provence, Languedoc, Aquitaine, etc., dont plusieurs très belles, 21 pièces.

835. Monnaies baronales : Bretagne, Anjou, etc. 23 pièces.

836. Monnaies baronales : Champagne, Flandre, Lorraine, etc., 15 pièces.

837. Paul III (pape), Sienne, Florence et Salzbourg. — Or, 5 pièces.

838. Étrangères : Angleterre, Allemagne, Italie, etc. — Écus et divisions, gros, etc. — Argent et billon, 18 pièces.

839. Monnaies de bronze, françaises et étrangères, dont plusieurs bien conservées, 47 pièces.

840. Écu au type de Saint-Georges. ℞. IN TEMPESTATE SECVRITAS. La barque du Christ. — T. B.

841. Lot de pièces non classées.

842. Denier d'or de Marc-Aurèle et trois Grands bronzes romains incrustés dans un conglomérat de gravier fluvial, trouvé à Paris, dans le lit de la Seine, près de la Cité.

843. Pièce taillée dans un plateau d'argent et timbrée des armes de Provence.

JETONS

JETONS

JETONS D'OR.

844. **Louis XIV**. — LVD·XIIII·D·G·FR·ET·NAV·REX·CHRISTIA-
NISSIMVS. Son buste à droite, avec le manteau d'hermine et la
couronne royale fermée et fleurdelisée.

℞. SACRAT·AC·SALVT·REMIS·MAII·XXI·1654. Vue de la
ville de Reims. Au-dessus, la colombe sortant des nuages, entourée
de rayons et portant la sainte ampoule. A l'exergue : Rhemis.
T. B.

845. **Louis XV**. — LUD·XV·REX·CHRISTIANISS. Sa tête laurée, à
droite, signée : B. DVVIV.

℞. MUNIFICENTIA·URBIS·BURDIG. Écu aux armes de Bordeaux, sans date. *Poids : 14 gr.* F. D. C.

846. **Les bonnes gens de Canon**. — LAUDE·SENEM·VETAT. A
l'exergue : LE·BON VIEILLARD. Un vieux paysan, couronné par une
femme assise sur une charrue et des gerbes de blé. Signé : C. L.
Refrappé? poids : 24 gr. F. D. C.

847. **Jeton allemand**. — ELATUS·TENDIT·IN·ALTUM. Épervier posé à
terre; au-dessus, un oiseau volant.

℞. OBLECTAMINA PRINCIPIS. Un chevalier au galop, à
gauche, précédé par deux chiens. Derrière lui, trois autres cavaliers
au repos. Au-dessus, trois oiseaux volant. — *Petit jeton.* T. B.

JETONS D'ARGENT[1].

ROIS ET REINES DE FRANCE. DAUPHINS ET DAUPHINES.

848. **Catherine de Médicis.** — CATHE·REG·FRAN. Son buste voilé, de face.

  ℞. AVENIO·DEDIT en deux lignes, au milieu d'une couronne.   *Petit jeton, rare.* F. D. C.

  — **François II, dauphin.** — FRANCI·D·G·SCOTOR·REX·ET·DELPHINVS·FRANC. B. Écu couronné à ses armes.

  ℞. CALCVLO·ET·RATIONE·METIENDA·OMNIA. Deux globes entourés d'une banderole avec cette légende : *VNVS·NON·SVFFICIT·ORBIS.* Au-dessus, la couronne royale. *Rare.* (*2 pièces.*) F. D. C.

  De La Tour, jetons des Rois et Reines de France, nº 113.

849. **François II, roi.** FRANCISCVS·II·D·G·FRANCOR·REX. Son buste cuirassé et couronné, à droite.

  ℞. SACRA·AC·SALVTA·17·SEPT·A·D·1559·REMIS. Main sortant d'un nuage, tenant la sainte ampoule. *Très rare.* F. D. C.

  De La Tour, nº 117 et pl. III, fig. 6.

850. **Marie Stuart, reine d'Écosse.** — MARIA·D·G·SCOTOR·REGINA·FRAN·DOI. Écu couronné, parti de France et d'Écosse.

  ℞. VIRESCIT·VVLNERE·VIRTVS. Main taillant un sarment mort d'une vigne à deux tiges.   *Très rare.* F. D. C.

---

1. Nous avons indiqué pour certains jetons les numéros du beau travail de **M.** Henri de la Tour. *Catalogue des jetons des Rois et Reines de France de la Bibliothèque nationale,* 1 vol. grand 8º de 504 pages et XLVI de préface : 35 planches. Paris 1897.

851. — Mêmes légende et écu.

    ℞. MEA·SIC·MIHI·PROSVNT. 1579. Même vigne à deux tiges dont celle de droite est morte, et l'autre arrosée par une aiguière placée au-dessus des nuages.   *Rare.* F. D. C.

    De La Tour, nº 148 et pl. III, fig. 14.

852. **Charles IX**. — CAROLVS·IX·D·G·FRANCOR·REX. Son buste cuirassé, à gauche.

    ℞. REMIS·SACRA·AC·SALVTA·18·MAII·1561. Colombe sortant des nuages, tenant la sainte ampoule dans son bec. —   *Rare.* F. D. C.

    De La Tour, nº 156.

    — CAROLVS·IX·FRANC·REGI. Sa tête laurée, à droite.

    ℞. AVENIONIS·MVNVS. Vue de la ville d'Avignon.

    Petit jeton rare. (2 *pièces.*) T. B.

853. **Isabelle, veuve de Charles IX**. — YSABEL·P·L·G·D·DIEV· ROYNE·DOVAIRIERE·DE·FRANCE. Écu couronné à ses armes.

    ℞. REGNAT·DEVOTA·DEO·MENS·1585. Colombe? posée sur une palme, prenant son essor vers le ciel, où l'on voit une couronne entourée d'étoiles.   F. D. C.

    De La Tour, nº 308 et pl. V, fig. 9.

    — **Henri, roi de Pologne**. — HENRICVS·D·G·POLONIAE·REX· INVICT. Son buste lauré, drapé et cuirassé, à droite.

    ℞. EXTERNO·PORTAT·SVA·LVMINA·MVNDO. Le soleil levant sur la mer; à gauche, une ville. *Refrappe?* (2 *pièces.*) F. D. C.

854. **Henri III, roi de France**. — OPES·ECCLESIAE·AQVILARVM· PLVMAE. Aigle éployé de face.

    ℞. QVI·MECVM·NON·COLLIGIT·SPARGIT·1588. Autel, sur lequel on lit : *ARC.FOED.* Au-dessus, un buste couché sur les nuages. (*Arche d'alliance de la Ligue?*)   F. D. C.

    — **Louise de Vaudemont, femme de Henri III**. — LOISE·P·L·G· D·D·R·DE·FRAN·ET·POL. Écu couronné à ses armes.

    ℞. ASPICE·ET·ASPICIAR·1580. Soleil rayonnant au-dessus d'un cadran solaire. (2 *pièces.*)   *Rare.* T. B.

    De La Tour, nº 458 et pl. VII, fig. 9.

855. **Henri IV**. — Son buste de trois quarts. ℞. EXITVS·ACTA·PRO-BAT·1600. — Autre. VVLTV. etc. Son buste à gauche. ℞. TEM-

PESTATESQVE·SERENAT·1601. — Autre. Écus de France et de Navarre. ℞. VIGILANTIBVS·OMNIA·FAVSTA·1607. (*5 pièces.*)
B. et T. B.

De La Tour, n°s 519, 534 et 573 ; et pl. viii, fig. 13 ; pl. ix, fig. 1 et 12.

856. **Marie de Médicis.** — MARIA·DEI·GRA·FRANC·ET·NAVA·REG. Écu couronné, cerné de deux palmes.

℞. VIRO·PARTVQVE·BEATA·1608. La Reine, sous les traits de Junon, assise de face, tenant le sceptre royal de la main droite et caressant son paon.

De La Tour, n° 674 et pl. xi, fig. 16.

— MARIA·AVGVSTA·MED·D·G·REG·FRAN·REGIS·MATER. Même écu, mais entouré d'une cordelière.

℞. NATIS·DISCORDIA·CONCORS·1625. Un lis et une rose enlacés par un collier de perles sur une tour. Allusion au mariage de Henriette de France avec Charles Ier, roi d'Angleterre. F. D. C.

De La Tour, n° 699 et pl. xii, fig. 16.

— **Henriette de France et Charles Ier d'Angleterre.** — CA·ET·HEN·MA·BRIT·REX·ET·REG. Leurs bustes affrontés.

℞. FVNDIT·AMOR·LILIA·MIXTA·ROSIS. 1625. Génie nu, marchant à droite, tenant un bouquet de roses. (*3 pièces.*)   T. B.

857. **Louis XIII et Henri IV.** — LUD.XIII·FR·ET·NAV·R·HENRI·MAG·FIL·1611. Buste du jeune roi, à droite.

℞. HENRI·IIII·COGNOMINE·MAGN·FR·ET·NA·REX. Buste lauré, drapé et fraisé de Henri IV, à droite.   *Rare.* B.

— **Louis XIII.** — LVDO·XIII·D·G·FR·ET·NA·REX·CHRISTIA-NISS. Son buste jeune, couronné, à droite.

℞. FRANCIS·DATA·MVNERA·COELI·XVII·OCTOBRIS·1610. Main tenant la sainte ampoule sortant des nuages. (*2 pièces.*)
F. D. C.

De La Tour, n° 717 et pl. xiii, fig. 11.

858. — Même légende. Son buste, tête nue, à droite.

— Même légende, seulement OCT·1610 et la signature N. B. (*Nicolas Briot*). A l'exergue : RHEMIS. Même type.

859. **Louis XIII et Anne d'Autriche.** — LVDO·XIII·ET·ANNA·FR·ET·NAV·REX·ET·REGI. Leurs bustes conjugués, à droite, tous deux fraisés.

℞. ÆTERNAE·FOEDERA·PACIS·1615. Couronne d'olivier traversant les deux couronnes royales. Jeton frappé à Bordeaux pour le mariage du roi. B.

De la Tour, n° 764, et pl. xv, fig. 4.

— **Anne d'Autriche.** — ANNA·DEI·GRA·FRANC·ET·NAVAR· REG. Écu à ses armes cerné de deux palmes.

℞. QVANTVM·INTER·SIDERA·PHŒBE·1618. La lune dans son plein, entourée de nuages et d'étoiles au-dessus d'un paysage. B.

— Mêmes légende et armes.

℞. EA·SOLA·VOLVPTAS·1635. Le chiffre AL sur un champ semé de lis. ? B.

— Mêmes légende et armes.

℞. VT·MARTIS.SPONSA·POTITVR·1636. Trophée d'armes. (4 pièces.) B.

De La Tour, n° 1183, 1206, 1207, et pl. xxiii, fig. 9; pl. xxiv, fig. 2 et 3.

860. **Anne d'Autriche, veuve.** — ANNA·D·G·FR·ET·NA·REGNI· MODERATRIX. Même écu, mais entouré d'une cordelière.

℞. HIS·PLVRES·FŒDERE·IVNGAM·1658. Deux couronnes royales attachées ensemble par des rubans. *Rare.* F. D. C.

De La Tour, n° 1252.

861. **Louis XIV.** — LVD·XIIII·D·G·FR·ET·NAV·REX·CHRISTIA- NISSIMVS. Son buste couronné, à droite.

℞. SACRAT·AC·SALVT·REMIS·MAII·XXI·1654. La ville de Reims. Au-dessus, la colombe portant la sainte ampoule. T. B.

De La Tour, n° 1366, et pl. xxv, fig. 13.

— Huit autres jetons du même roi, 1651, 1666, 1671, 1703, et sans date. Ville de Paris, etc. (9 pièces.) B. et T. B.

862. **Anne-Marie-Christine, dauphine.** 1683. — ℞. SÆCVLA·VINCIT.
— **Le duc d'Anjou, Philippe V, roi d'Espagne.** (7 exemplaires.) (8 pièces.) T. B. et F. D. C.

863. **Marie-Adélaïde, duchesse de Bourgogne.** — MARIA·ADELAIS· DUCISSA·BURGUND. Son buste à droite.

℞. FAUSTO·FOEDERE·IUNCTI·1700. Deux Génies nus, debout.

— Autre. GRATIOR, etc., 1706. — Autre. NON·DEERUNT·
1709. — Autre, la tête à gauche. R⃫. SPES·ALTERA·SUR-
GIT·1710.   B. et T. B.
— Sans légende. Écu aux armes de la duchesse de Bourgogne.
  R⃫. Monogramme couronné, 1706. *Octogone. Rare.* T. B. (*6 pièces.*)

864. **Louis XV et Philippe d'Orléans, régent.** — Buste lauré de Louis XV,
à droite, signé J. C. R.
  R⃫. Tête nue de Philippe d'Orléans, à droite, signée D. V.
              F. D. C.
— **Louis XV.** — LUD·XV·REX·CHRISTIANISS. Son buste, lauré
et cuirassé, à droite.
  R⃫. PERPETUA·EX·NUPTIIS·IMPERIORUM·CONCORDIA.
A l'exergue : DIE.XVI.MAII.M.DCCLXX. Génie attachant à un pal-
mier deux boucliers, dont la France assise soutient l'un, celui de
France-Dauphiné. (*2 pièces.*)   T. B.

865. — Lot de cinq jetons du même règne : Écuries du roi. — La ville de
Paris. — Le char de l'Aurore, et un jeton octogone avec deux L
couronnés.   T. B. et F. D. C.

866. **Louis XV et Marie-Anne-Victoire d'Espagne.** — LUD.XV·FR·ET·
NAV·REX·M·A·VICT·HISP·INF. A l'exergue : LUDOVICI·
MAGNI· | PRONEPOTES. Bustes affrontés du roi et de l'infante.
  R⃫. IN·PUBLICA·COMMODA·CRESCENT.1721. Une vigne
poussant au pied d'un chêne.
  De La Tour, nᵒ 2196, et pl. XXXIV, fig. 9.
— **Louis XV et Marie Lesczinska.** — LUD·XV·FR·ET·NAV·
REX·MARIA·STANIS·REG·FIL. Bustes affrontés du roi et de la
reine.
  R⃫. NUPTIALIA·SACRA·FON·BELL·1721. Mariage du roi à
Fontainebleau. (*2 pièces.*)   B.
  De La Tour, nᵒ 2200, et pl. XXXIV, fig. 12.

867. **Marie Lesczinska.** — MARIA·D·G·FR·ET·NAV·REGINA. Son
buste à gauche. Signé : DU·VIVIER·F.
  R⃫. NON·STERILIS·COMMENDAT·HONOS. A l'exergue :
MAISON·DE·LA·REINE·1734. Un oranger dans sa caisse ; sur le
devant, M couronné.   T. B.

— Autre. GRATISSIMA, etc. 1736. Arbre. — Autre. COMES·
FIDISSIMA·SOLIS·1739. — Autre. FELIX·PROLE·SUA·1741.
— Autre. AUGET, etc. 1750.   T. B. et F. D. C.

Mesdames filles de Louis XV? — CHATEAU DE BELLEVEUX.
1752.

    R̸. CHARGE·DU·DEPARTEMENT·DES·MONNOYES. A
l'exergue : NOUVEL·HOTEL·DES·MONNOYES·1752. Vue de l'hôtel des
monnaies. *Octogone.* (*6 pièces.*)   T. B.

868. **Marie-Josèphe, dauphine.** — MARIA·IOSEPHA·DELPHINA. Sa
tête à gauche.

    R̸. SPERATAE·NUNCIA·LUCIS. A l'exergue : MAISON·DE·
MADAME·LA·DAUPHINE.1750. L'Aurore dans un bige au galop
allant à droite sur les nuages.

— Autre. NEC·VOTA, etc. 1752. — Autre, sans légende. Écus
mariés aux armes de la Dauphine. R̸. JETTONS·DE·MADAME·
LA·DAUPHINE·1770. *Octogone.* (*3 pièces.*)   T. B. et F. D. C.

869. **Louis XVI, dauphin et Marie-Antoinette.** — LUD·AUG·DEL-
PHIN·ET·M·ANT·JOS·II·IMP·II·SOROR. Leurs têtes
affrontées.

    R̸. SACRUM · ÆTERNÆ · CONCORDIÆ · PIGNUS. A
l'exergue : M·A·AUST·L·DELPH·NUPT·XVI·MAII·M·DCCLXX. Le Dauphin et la Dauphine se donnant la main devant l'autel.

Jeton ou médaille. B.

Louis XVI, roi. — LOUIS·XVI·ROI·DES·FRANÇAIS·ET·ROI·
D'UN·PEUPLE·LIBRE·17 juillet. Son buste à droite.

    R̸. ÉTATS·GÉNÉRAUX·1789. Deux trophées.

Octogone. Rare. B.

— JETTON·DE·LA·GARDEROBE·DU·ROY en quatre lignes
dans le champ.

    R̸. Même légende répétée. Une contremarque de chaque côté.
(*3 pièces.*)   *Rare.* B.

870. — LUD·XVI·REX·CHRISTIANISS. Son buste à droite.

    R̸. CONSOCIARE·AMAT. La France ou Minerve debout, à
gauche, tenant une équerre.

— Un jeton de Loos pour la mort du roi.   T. B.

— **Marie-Antoinette.** — Sans légende. Écus mariés du roi et de la reine.

℞. JETTON·DE·LA·REINE en trois lignes au milieu d'une couronne. *Octogone* (2 exemplaires) (*3 pièces.*)   T. B.

871. **Louis-Stanislas-Xavier.** — LUD·STAN·XAVIER·DUX·ANDE-GAV. Son buste à gauche.

CHARLES·FELIX·CLAVEAU·ECUYER·MAIRE·1789. Armes de la ville d'Angers.   F. D. C.

— **Marie-Thérèse de Savoye, comtesse d'Artois.** — Son buste à gauche.

℞. **Marie-Josèphe de Savoie, comtesse de Provence.** — Sa tête à droite. *Refrappe.* (*2 pièces*, la dernière en cuivre.)   F. D.C.

ADMINISTRATIONS

872. **Conseil du Roi.** — IN·CONSILIO·IVSTORVM. Écu trilobé, couronné aux trois lis.

    R/. MAGNA·OPERA·DOMINI. Salamandre couchée, à droite,
sur un F couronné.   T. B.

— Le même jeton, d'un moins bon travail, les couronnes plus petites.
(2 *pièces.*)   B.

873. — NIL·NISI·CONSILIO. Écu de France couronné.

    R/. PIETATE·ET·IVSTITIA. 1564. Le roi Charles IX debout
sur une base, recevant une clef du Ciel et tenant de la main droite
un cadenas suspendu; à ses pieds, une figure nue couchée, dont la
jambe est entourée d'un serpent. De chaque côté, une palme.
                                                T. B.

— Mêmes légende et écu. 1570.

    R/. NON·CONCEDIMVS·MALIS. Guerrier fuyant à droite et
combattant un lion qui le poursuit. Sous le lion, un homme nu
couché à terre, s'accrochant à un palmier. (2 *pièces.*)   *Fruste.*

874. — Mêmes légende et écu, sans la date.

    R/. INSTANT·MAIORA·PERACTIS. 1571. Figure nue dans
un bige au galop allant à droite vers trois obélisques; derrière
elle, un autre obélisque.   T. B.

875. — Mêmes légende et écu.

    R/. AMORE·NON·TERRORE. 1608. Champ semé d'abeilles;
au milieu, la reine sous une couronne royale.   T. B.

— Mêmes légende et écu.

R̸. SPARSOS·RECOLLIGET·OMNES. 1617. Sept cœurs en flamme. Celui du milieu plus gros et couronné. B.

— Mêmes légende et écu.

R̸. FREGIT·MONTES·PACEMQVE·REDVXIT. 1631. Double dextrochère tenant la foudre et une palme au-dessus d'un paysage. (*3 pièces.*) B.

876. Mêmes légende et écu.

R̸. VIRTVTI·SVBDIT·VTRVMQVE. 1657. Arc et carquois sous une couronne. B.

— Mêmes légende et écu.

R̸. AETERNO·FOEDERE·IVNGAM. 1660. L'Ile des faisans. (*2 pièces.*) B.

Jeton frappé pour la paix des Pyrénées, entre la France et l'Espagne.

877. **Avocats aux Conseils.** — AD^ATS·AVX·CONSEILS. 1660. Écu de France sous un dais soutenu par deux anges.

R̸. FVLMINE·IVRA·VIGENT. Main de justice accostée de quatre tiges de lis; en haut, un bras lançant la foudre. — B.

— *Louis XVI.* — LUD·XVI·REX·CHRISTIANISS. Sa tête nue, à gauche.

R̸. SOLIS.FAS·CERNERE·SOLEM. A l'exergue : AVOCATS· AUX·CONSEILS·DU·ROI. 1762. Quatre aiglons s'envolant vers le soleil; à terre un autre aiglon posé sur une colonne renversée près d'un rocher. T. B.

— **Secrétaires du Roi.** — SECRETAIRES·DV·ROI·DES·LXVI·ET· XLVI. Champ semé de lis.

R̸. VOX·VNA·RECLVDIT. 1654. Cadenas fermé. Au-dessus, LOVIS. B.

— *Louis XVI.* — LVDOV·XVI·REX·CHRISTIANISS. Son buste à gauche.

R̸. DUCEM·REGEMQUE·SEQUUNTUR. A l'exergue : SECRE-TAIRES·DU·ROI. 1776. Essaim d'abeilles s'envolant vers le soleil. (*5 pièces.*) T. B.

878. **Ordinaire des guerres.** — *Louis XV.* LUD·XV·REX·CHRISTIA-NISSIMUS. Son buste à droite.

R̸. CONTINET·ASPECTU. A l'exergue : ORDINAIRE·DES· GVERRES. 1723. Lion couché à gauche; de chaque côté, des arbres.

— Autre. DUM, etc. 1753. Cheval couché, à gauche.
— Autre. PACATIO, etc. Hercule debout.
— Autre, sans légende. Trophée.
    ℞. RIEN.NE.RESISTE.A.VOS.ARMES en quatre lignes dans le champ. Petit jeton. (*4 pièces.*)   B. et T. B.
Extraordinaire des guerres. — EXT^re·DES·GVERRES·ET·CAVA-LERYE·LEGERE. Écu de France et de Navarre.
    ℞. REDDIT·SOLIO·VIRTVTE·SOROREM. 1640. Dans le champ : AVG·—TAVR. Porte de la ville de Turin ; au-dessus, L couronné et cerné de deux palmes.   *Rare.* T. B.

879. Mêmes légende et revers.
    ℞. DONEC·SOCIENTVR·IN·VNAM. 1659. Bras armé d'une épée entre un laurier et un olivier.
— Autre. Buste de Louis XV.
    ℞. NON·MINOR·EST·VIRTVS. 1722. Hercule couché.
— Autre. EXERCENT·AD·PROELIA·VIRES. 1754. Deux lutteurs, à gauche. (*3 pièces.*)   B.

880. **Artillerie.** — ARTILLERIE·DE·FRANCE. 1646. Écu aux armes d'Armand de la Porte de la Meilleraye, entouré du double cordon et posé sur deux canons.
    ℞. NEGATVR·CLAVIS·DVM·PORTA. Une tour, la porte ouverte, entourée des huit écussons de la famille de la Porte.   *Rare.* B.

881. — LE·MARECHAL·DVC·DE·HVMIERES. Écu à ses armes ; au bas, deux canons.
    ℞. DIVERSO·EX·HOSTE·TROPHAEA. A l'exergue : ARTIL-LERIE. 1601.   *Rare.* B.

882. — MAXIMILIAN·DE·BETHVNE·M·DE·ROSNY·G·M·D·LAR-TIL·D·FRA. Écu à ses armes.
    ℞. NEC·FVLMINA·TERRENT. 1624. Un laurier sur lequel les vents soufflent avec force.   *Rare.* F. D. C.

883. — *Le duc du Maine.* LOUIS·AUG·DE·BOURBON, etc. Son buste à droite.
    ℞. PRORUET·INTEGRUM. A l'exergue : ARTILLERIE, 1710. Canon partant, à gauche.

— Autre, 1712. Deux canons, à gauche.

— Autre, 1714. Deux canons et un obusier tirant, à droite, sur une forteresse.

— Autre. LOUIS·CH·DE·BOURBON·C·D'EU·DUC·D'AUM·G· M·DE·L'ART.

   ℞. ET·LOQUOR, etc. 1741. Trompette posée sur un autel. (*4 pièces.*)   B. et T. B.

884. **Gendarmerie**. — ARMIPOTENTI·GALLIAE·M·D·LVI. Guerrier debout, retenant son cheval qui se cabre.

   ℞. DONEC·TOTVM·IMPLEAT·ORBEM. Croissant couronné entre deux cornes d'abondance.   T. B.   *Planche* XVI.

   Jeton très rare, l'une des plus belles productions de l'époque de Henri II.·

885. **Marine**.— L·ALEXA·DE·BOURBON·C·DE·TOULOUZE·ADMI-RAL DE F^CE. Son buste à droite.

   ℞. PELAGO·SENSERE·TONANTEM. A l'exergue : MARINE. 1705. L'aigle de Jupiter volant au-dessus d'une tempête foudroyant deux navires.

— Autre. INTERMISSA, etc. 1721. Une ruche et son essaim.

— Autre. LAETA, etc. 1720. Amphitrite sur les eaux, servie par deux Naïades.

— Autre. SUB AMICO, etc. 1724. Vaisseau allant à gauche.

— Autre. NEC DESUNT, etc. 1732. Neptune sur la mer, frappant des monstres ailés avec son trident.

— Autre. IN VARIIS, etc. 1726. Le croissant de la lune au-dessus de la mer. (*6 pièces.*)   B. et T. B.

— L·J·M·DE·BOURBON·D·DE·PENTHIEVRE·AMIRAL·DE· FR. Son buste à droite.

   ℞. CONCUSSO·SILVA·RESURGET. A l'exergue : MARINE. 1749. Un grand arbre courbé par le souffle des vents.

— Autre. UNDA·RECUMBIT. 1750. Une mer houleuse. (*2 pièces.*)   B. et T. B.

886. **Galères**. — LOUIS·DUC·DE·VENDOSME·GENERAL·DES· GALERES. Écu à ses armes.

   ℞. TERRORI·SUCCEDIT·AMOR. A l'exergue : GALERES. 1699. Deux sirènes nageant près de deux galères.

— Autre. URGET·AMOR·PUGNAE. 1707. Deux faucons perchés sur un arbre au bord d'un rivage.

— Autre. AD·JUSSA·PARATAE. 1711. Carquois posé à terre.

— Autre. LE·CHEVALIER·D'ORLEANS·GENERAL·DES·GA-
LERES. Écu à ses armes.

    R⁏. REMIGIO·ALARUM. 1725. Deux aigles et un aiglon volant
au-dessus d'un rivage. (*4 pièces.*)   B. et T. B.

887. **Colonies.** — COMPAGNIE·DE·LA·GUYANNE·FRANCAISE. Un
esclave debout près de sa hutte, contemplant trois navires à l'horizon.

    R⁏. AGRICULTURE·ET·COMMERCE en trois lignes dans le
champ.   (*Octogone*). (*Refrappé*). F. D. C.

— *Louis XVI.* — LUD·XVI·REX·CHRISTIANISS. Son buste à
droite.

    R⁏. LIBERTE·DES·MERS·PAIX·DE·1783 en quatre lignes
dans une couronne.   T. B.

Ordres militaires. — *Ordre de St-Louis.* — LUD·XV·REX·CHRIS-
TIANISS. Sa tête à droite.

    R⁏. FIRMATUR·CONSILIO·VIRTUS. A l'exergue : ordre·
milit·de·st·louis. Saint Louis debout, de face, tenant une couronne et un sceptre.   T. B.

— LUD·XVI·REX·CHRISTIANISS. Son buste à droite.

    R⁏. BELLICAE·VIRTUTIS·PRAEMIUM·LUD·MAGNUS·
INSTITUIT·1693·LUD·XVI·ILLUSTRAVIT·1779. Croix de St-
Louis avec son cordon, le tout entouré de deux palmes. (*Octogone*).
                      T. B.

— *Ordre du St-Esprit.* — LUD·XV·REX·CHRISTIANISS. Sa tête
à droite.

    R⁏. VIRTUS·OMNIS·AB·ILLO·1728. Le St-Esprit entouré de
rayons célestes.   T. B.

Connétablie. — CONETABLIE·MARECHAUSSEE·DE·FRANCE.
Deux L enlacées et couronnées sur deux bâtons.

    R⁏. NON·SINE·NUMINE. Bras armé tenant une couronne pas-
sée dans une épée.   B.

— Le même jeton. *Octogone.* (*6 pièces.*)   T. B.

888. **Eaux et Forêts.** 1743. — **Trésor royal.** 1740. — **Procureur des
Comptes.** 1706. — **Bâtiments du roi.** 1713. — *Louis XV,* sans
date, 2 jetons. — **Parties casuelles.** 1694. Autre, 1721. — **Ponts et
Chaussées.** Louis XV. — **Chambre aux deniers.** 1706. (*10 pièces.*)
                      B. et T. B.

PARIS

PRÉVOTS ET ADMINISTRATIONS

889. *Le Président Le Peletier*, 1670. — *Robert de Pomereu*, 1678. — *Le président de Fourcy*, 1686. — *Charles Boucher d'Orsay*, 1701. 3 jetons. — *Jérôme Bignon*, 1709. — *Charles Trudaine*, 1716. — *De Castagnère*, 1721. (*10 pièces.*) B. et T. B.

890. — *Nicolas Lambert*, 1725, etc. (*12 pièces.*) T. B.

891. *Louis-Basile de Bernaye*, 1748. — *De Pontcarré de Viarmes*, 1758. — *Armand-Jérôme Bignon*, 1766, 1767, 1770 et 1771. 4 jetons. — *De La Michodière*, 1773. — *Le Fèvre de Caumartin*, 1778. — *L. Le Peletier*, 1784. 2 jetons octogones. (*10 pièces.*) T. B. et F. D. C.

892. — L·POCQUELIN·REC^R·GENERAL·DES·PAUVRES. Écu à ses armes. ℞. URBIS, etc. Armes de Paris.
ELECTION·DE·PARIS. *Louis XV.* 2 jetons. — GREFFIERS·DU· CHATELET. — PROCUREURS·DE·LA·COUR, 1713. — *Clercs des Procureurs*, 1741. — CONSEILLERS·DE·VILLE, 1702. — CONTROLLEURS·DES·RENTES, 1711. (*8 pièces.*)

T. B. et F. D. C.

893. **Police**. *Louis XVI.* — LUD·XVI·REX·CHRISTIANISS. Sa tête à gauche.
℞. LUPOS·A·PRAESEPIBUS·ARCENT. A l'exergue : COMP^E· DE·M^R·LE·LIEUT^T·CIVIL·DE·ROBE·COURTE, 1784. T. B.

CLERGÉ ET ÉGLISES DE PARIS

894. IN·AUXILIUM·FIDEI·ET·IMPERI. A l'exergue : CLERUS GALLICA-
NUS, 1785.Les hauts personnages du Clergé réunis. — Autre jeton.
CONVENTUS etc. 1740. — Autre. *Louis XV*. 1745. — Autre.
Louis XVI. 1782. *Octogone. (4 pièces.)*   B. et T. B.

895. **La Sainte-Chapelle**. — 3 jetons dont deux au type des gros tournois
de Saint-Louis.
Saint-Eustache. — CONFRERIE·ROYALE·DE Sᵗ·EUSTACHE·
ET·Sᵗᴱ·AGNES. 1725. — COMPAGNIE·DU·SACREMENT·A·
Sᵗ·EUSTACHE. 1742. — FABRIQUE·DE·Sᵗ·EUSTACHE·J·J·
POUPART·CURE. 1786. *Octogone*. (6 *pièces*.)   B. et T. B.

896. **Saint-Germain-l'Auxerrois**. — *Louis XVI*. ℞. VERA·EST·CON-
CORDIA, etc. 1734.
Saint-Jacques de la Boucherie. — CONFRAIRIE·DU·Sᵗ·SACRE-
MENT.
Saint-Merry. — *Louis XV*. LES·MARGUILLERS. etc. 1754.
3 jetons, têtes variées.
Saint-Sulpice. — LES·COMMISSAIRES·DES·PAUVRES. 1713.
3 jetons. (*8 pièces*.)   B. et T. B.

ACADÉMIES, ETC.

897. **Académie Française**. — *Louis XVI*.
Université. — SANCTUS·CAROLUS·MAGNUS. 1677. Buste de
Charlemagne. ℞. HAEC·NUNCIA·VERI. Armes de l'Université.
— Le même, 1677. — Autre, 1699. — Autre, Charlemagne debout.
1747.
Robert de Sorbonne. — Son buste, de face.
℞. SORBONA. etc. La Sorbonne. (*Octogone*.) (7 *pièces*.) B. et
T. B.

898. **Académie des sciences.** — *Louis XVI.*
Académie des inscriptions. — *Louis XV.*
Académie de peinture et de sculpture. — *Louis XVI.* (*4 pièces.*) B.
et T. B.

899. MAISON · PHILANTHROPIQUE · DE · PARIS. 1781. — LYCEE ·
DES · ARTS. 1792. — CONCERT · DES · AMATEURS, sans date.
(1790?). — SOCIETE PHILOMATIQUE. 1788. — ECOLES · DE ·
PARIS. 1735. 1752. (*5 pièces.*) B. et T. B.

900. **Faculté de médecine et Chirurgiens.** — GUY · PATIN · DOYEN.
1652. — PHILIP · HARDVINO. 1638. — LE · TIEULIER. 1768 à
1770. — *Louis XIV.* CHIRVRG · PARISI · IMPENS · CONSTR.
1691. — *Louis XV.* SOCIETAS · ACADEMICA · CHIRURG · PARI-
SIENS. 1741. — *Louis XV.* LES · HUIT · APOTICAIRES · DU ·
ROY. 1764. (*7 pièces.*) B. et T. B.

CORPORATIONS DE PARIS.

901. LES · SIX · CORPS · DES · MARCHANDS. *Louis XVI.* 1776. — Le
même, varié, avec le buste du roi, sans date. — LE · PREMIER ·
CORPS · DES · MARCHANDS · DE · PARIS. 1699. — Autre type
avec J · PERDRIGEON. 1713. — **Fécandiers.** *Louis XV.* MARCH ·
FABRIQANTS · D'ETOFFES · D'OR · D'ARGENT · ET · SOYE,
etc. Écu à leurs armes. (*5 pièces.*) B. et T. B.

902. **Épiciers-apothicaires.** IN · HIS · TRIBUS · VERSANTUR. 1710. Écu
aux armes des apothicaires, 4 jetons.
Arquebusiers. Mʳᵉ · F · Vᵗ · DE · CHENIZOT · LIEUTENANT · COLᴸ ·
DE · L'ARQUEBUSE · DE · PARIS. 1782. Écu à ses armes.
℞. PER · TELA · PER · IGNES. A l'exergue : CHEVALIERS · DE ·
L'ARQUEBUSE · DE · PARIS. Fusil et arquebuse en sautoir. (*5 pièces.*)
Rare. T. B. et F. D. C.

903. **Banque de France.** AN · VII (*Octogone*). — **Caisse d'escompte.**
ASSOCIATION · DU · IV · FRIMAIRE · AN · VII · POUR · LA · PROS-

PERITE·DU·COMMERCE. (*Octogone*). — **Commerce de bois neuf.** ILE·LOUVIERS·AN·12. Vue de l'île. (*Octogone*). — **Bois à bâtir.** *Louis XV*. COMMISS·CONTROL. 1732. 2 jetons. (*5 pièces.*)
B. et T. B.

904. **Boulangers.** *Louis XV*, sans date. — *Napoléon Ier*, sans date. — **Brodeurs.** BRODEURS·CHASUBLIERS. 1704. — *Louis XIV*. 1706. — **Chandelliers.** *Louis XV*. 1750. — **Charbons.** COMMERCE· DE·CHARBONS·DE·BOIS·DE·PARIS·AN·13. *Octogone.* (6 *pièces.*)
B. et T. B.

905. **Cordonniers.** *Louis XVI*, sans date. — **Corroyeurs.** *Louis XVI*. 1755. — **Distillateurs.** *Louis XV*, sans date. (*6 pièces.*)
B. et T. B.

906. **Graveurs.** L'ART·DE·GRAVURE·CISELURE. 1757. *Rare*. — **Horticulture.** HORTUS·ESPERIDUM. R̥. CULTORI·AUREA· POMA. (*Octogone*). — **Imprimeurs**, etc. BIBLIOPOLÆ·ET· TYPOGRAPH·PARIS^RI^. 1723. — **Maçons.** *Louis XV*, sans date. — **Modistes.** *Louis XV*. 1719. — COMMUNAUTE·DES· MODES·PLUMASSIERES·FLEURISTES. 1777. *Rare*. — **Menui- siers et Ébénistes.** 1748. (*8 pièces.*)
B. et T. B.

907. **Orfèvres.** AVRIFICES·PARISIORVM. 1700. *Louis XIV*. — *Louis XV*, sans date.
2 pièces rares, une T. B.

908. **Perruquiers et Barbiers.** *Louis XV*. 1719. — **Taillandiers.** *Louis XV*. 1746. — **Tapissiers.** *Louis XV*. 1726. — **Teinturiers.** *Louis XV*, sans date. — Autre sans le portrait du roi, mais avec le revers SIBI·CREDITA·REDDIT. A l'exergue : TRESOR ROYAL. 1749. (*7 pièces.*)
B. et T. B.

909. **Vitriers, peintres sur verre.** *Louis XV*. 1715. — **Gardes marchands de vins.** AEQVATIS IBVNT·ROSTRIS, sans date. — **Inspec- teurs des vins.** *Louis XV*. 1733. Grand jeton rare, mais fruste. — **Volailles.** JUREZ·VENDEURS. *Louis XV*, sans date. (*8 pièces.*)
B. et T. B.

JETONS DES PROVINCES.

910. **Bourgogne.** — *États.* IL·ASSEVRE·MON·REPOS. Louis XIV debout appuyé sur une massue. — *Louis XV.* Son buste, 1740. — Autre du même roi. 1762. (*4 pièces.*)　　　　B. et T. B.

911. **Lyon.** — *L. Flachat*, Prévôt. 1701. — *L. Clapisson*, Échevin. 1759. — *Ph. Choignard*, Échevin. 1783. — *De Villeroi*, Gouverneur de Lyon, sans date, *octogone.* — *Académie.* 1741. — *Chambre de Commerce.* Sans date. — *Agents de change*; Bonaparte. 1803. — *Société d'agriculture.* Sans date, *octogone.* (*9 pièces.*)　　　　B. et T. C.

912. **Bretagne.** — Sans légende. Écus mariés de Bretagne et de ***, le tout au milieu d'une couronne de chêne. Au bas, 1651.

    ℞. IVSTICIA · ELEVAT · GENTEM · PROVB · XIIII. Figure debout, de face, tenant une épée et des balances ; à ses pieds, des armes.　　　　*Rare.* B.

    — Henri III. HEN · D · G · FRAN · ET · POL · REX · MANET · VLTIMA · COELO. 1577. Trois couronnes entourées d'étoiles.

    ℞. SVBDVCENDIS · RATIONIBVS · CAM · COMP · REGIORVM · BRI. Écu écartelé de France et de Bretagne.　　　　T. B.

    — POTIVS · MORI · QVAM · FEDARI. Hermine à gauche sur un champ semé d'hermines.　　　　T. B.

    ℞. IECTONS · DES · ESTAZ · DE · BRETAGNE. Même écu, sans date. — *Louis XIV.* ℞. POTIVS, etc. Même hermine. A l'exergue, 1679. (*4 pièces.*)　　　　T. B.

913. **États de Bretagne.** — *Louis XIV.* 1691. — *Louis XV.* 1722. 1728. 1730. 1744. 1754. — *Louis XVI.* 1782. 1786. (*9 pièces.*)
　　　　Plusieurs beaux revers rares. B. et T. B.

914. **Rennes.** — *Maires.* — M · BAILLON. 1757. — DE · LA · MOTTE · FABLET. *Octogone.* (*2 pièces.*)　　　　F. D. C.

915. **Nantes.** — *Maires.* — GIRAVD·DE·LA·BIGEOTIERRE. 1665. —
IACQVES·CHARETE·1671. — IAN·REGNIER. 1674. —
LERAY·DU·FUMET. 1730. — BELLABRE. 1748. —LIBAULT.
1766. — DE·LA·VILLE. 1772. — BEROUETTE. 1782.
(*10 pièces.*)   B. et T.B. et F.D.C.

916. **Normandie. — Rouen.** — *Ville.* 1680. — *Louis XIV.* VETVS, etc.
Sans date. — *Louis XV.* 2 jetons variés. — *Le duc de Luxembourg,*
gouverneur. 1709. 2 jetons variés. (*6 pièces.*)   B. et T.B.
— DOMAINES·DE·NORMANDIE. —LOUIS·DE·FAUCON.Sans
date. — CONFRAIRIE·DE·S·ROMAIN. 1711. — *Académie de*
Rouen. 1726. — *Louis XIV.* MONNAIE·DE·ROUEN. 1711.
— *Louis XV.* MONOYEURS·DE·ROUEN. Sans date. —
Louis XVI . PROCURATORES, etc. 1789. — *Louis XIV.*
CHAMBRE·DE·COMMERCE. 1712. — *Louis XV.* Même
chambre. 1719. — SOCIETÉ·DU·COMMERCE. AN.V. (10
pièces.)   B., T.B. et F.D.C.

917. — *Louis XV.* CHAMBRE·D'ASSUR. 1743. — *Louis XVI.* Même
chambre d'assurances, sans date. — *Louis XIV.* LA RÉUNION
DES·M^DS. 1706. — Louis XV. APOTICAIRES·ET·EPICIERS.
Sans date. — *Louis XV* . MARCH·PASSEMENTIERS, daté 1731.
   Les bonnes gens de Canon. LE·BON·VIEILLARD; type du
jeton d'or, n° 846. — Autre. LE·BON·CHEF·DE·FAMILLE.
   Louviers. Buste de Saint-Louis. ℞. NOTAIRES·DE·L'AR-
RONDI., etc. 1829. *Octogone.* (*8 pièces.*)   B., T.B. et F. D. C.

918. **Anjou.** — *Maires.* IAC·CHARLOT. 1685. — FR·RAYMBAULD.
1701. — F·POULLAIN. 1707. — *Louis XV.* 2 têtes différentes,
sans dates. (*6 pièces.*)   B., T.B. et F. D. C.

919. **Amiens.** — CHAMBRE·DE·COMMERCE. 1761. — **Avallon.**
SOCIÉTÉ·MÉLOPHILE. 1787. —**Bayonne.** *Louis XV.* VIGENT·
FIDE. (*7 pièces.*)   B. et T.B.

920. **Cambrai.** — *Louis XV.* CIVITAS CAMERACENSIS. — *Louis XVI,*
même type. 3 jetons variés. — **Chartres.** *Louis XVI.* SERVANTI.
CIVEM·QUERNA·CORONA·DATUR. Sans date. — IOSEPH·
I·BAPT·FLEURIAU·D'ARMENONVILLE, gouverneur de
Chartres. (*5 pièces.*)   T.B. et F. D. C.

921. **Clermont.** *François de Bonal*, évêque. 1776. — **Dieppe.** *Louis XV.*
LES·PRIEUR·ET·JUGES·CONSULS. 1758. — **Givors.** CANAL·
DE·GIVORS. 1784. — **Lille.** *Louis XVI.* CHAMBRE·DE·COM-
MERCE. Sans date. — **Marly.** *Louis XIV.* GLOBES·POSES·A·
MARLI. 1705. — **Meaux.** *Louis XVI.* BAILLIAGE·PRESIDIAL.
1788. (*7 pièces.*) B., T.B. et F. D. C.

922. **Nevers.** — *Louis de Gonzague et Henriette de Clèves.* 1688. *Rare.* — Le
même pour 1722. *Rare.* — **Sens.** *Louis XVI.* JUGES·ET·CON-
SULS; daté 1766.

923. **Orléans.** — *Maires.* — ME·VINDICE·LILIA·FLORENT. La Pucelle
assise sur des armes. R̸.DE·LA·MAIRIE·DE·M^R·TASSIN. 1754.
Ses armes. — COLAS·DES·FRANCS. 1760. — HURAULT.
1774. — Commerce de la Loire. LIGERIS. 1739. (*5 pièces.*) T. B. et
F. D. C.

924. **La Rochelle.** — Jeton du Conseil, 1728, avec Buckingham en coli-
maçon blessé sur un radeau. ESTO·DOM. *Rare, mais fruste.* —
Sceaux. *Louise de Bourbon.* NOCTUA·SITULÆ, etc. 1714. Hibou.
— **Toulouse.** *Louis XV.* COM·OCIT. 1723. — Clémence Isaure.
Grand jeton. 1754. — **Tours.** PREULLY·MAIRE. 1755. — IACQ·
CORMIER. Grand jeton. 1764. (*6 pièces.*) B., T.B. et F D. C.

925. **Saint-Quentin.** LOGE·DE·S^T·JEAN, etc. 1744. — **Strasbourg.**
LUD·XVI·OPTIMO·PRINCIPI·VOTIS, etc. 1781. (*Octogone*).
Rare. — **Troyes.** *Louis XV.* ARQUEBUSE, etc. Sans date. —
Valenciennes. CONSILIUM·VALENCENENSE. 1726. —
Louis XVI. CONSILIUM·VALENCENENSE. 1785. — **Versailles.**
Louis XVI. MERCIERS·ET·DRAPIERS. Sans date. — **Ypres**
(*Pays-Bas*). *Louis XIV.* CALCULI·TERRITORI·IPRENSIS, 1700.
Armes d'Ypres. (*7 pièces.*) B., T. B. et F. D. C.

926. Lot de 16 jetons pour jeu de whist. CHARLES · PHILIPPE · COMTE ·
     D'ARTOIS. Son buste à droite, signé GATTEAUX. R⁄. MAISON ·
     DE · MONSᴱᴿ · LE · COMTE · D'ARTOIS. Écu à ses armes.   F.D.C.

927.   Lot de 16 jetons au même type.   F. D. C.

928. Autre lot de 16 jetons. PREVᵀᴱ · DE · Mᴿᴱ · ARM · JER · BIGNON ·
     CONSᴱᴿ · D'ETAT · BIBLIOTᴿᴵᴱ · DU · ROY. 1767. 1769.1770. Écu
     à ses armes. R⁄. VILLE · DE · PARIS. Armes de Paris sur un beau
     cartouche.   T. B.

929. Autre lot de 16 jetons. SVBIT · AD · VIDUI · MODERAMINA · CLAVI.
     Aigle éployé de face sur le bordage d'un navire. R⁄. LABOR
     OMNIBUS. A l'exergue : PREFᴿᴱ · DE · LA · SEINE · JETON · DE · PRESENCE ·
     AN XIII. La Seine couchée, soutenant une ruche d'où s'échappent
     des abeilles.   F. D. C.

929 *bis*. Autre lot de 16 jetons octogones des XVIIIᵉ et XIXᵉ siècles.
                                                 T. B. et F. D. C.

NOBLESSE ET PERSONNAGES CÉLÈBRES

DE L'ILE DE FRANCE ET DES PROVINCES

930. *Alleaume.* — QVAE·QVADRANT·SPLENDENT. Écu à ses armes.
R̥. VIRTVTE·DVCE·COMITE·FORTVNA. 1624. La Vertu
et la Fortune debout, se donnant la main.   F. D. C.
Classé d'après Dielitz, p. 323.

Aumont (Duc d'). Sans légende. Écus couronnés à ses armes et celles
de sa femme.

R̥. Sans légende. Trois enfants nus soutenant un écu ou bouclier
sur lequel est gravé un monogramme. Signé LORTHIOR. 2 *jetons
octogones refrappés*. (*3 pièces.*)   F. D. C.

Ce superbe jeton est une des plus belles productions artistiques du
XVIIIe siècle, et le coin est à la Monnaie de Paris.

931. *Barillon et sa femme R. d'Amoncourt.* — Sans légende. Écus du mari et
de la femme, un de chaque côté du jeton.
Classement de M. le baron Pichon.

932. *Barry* (Marie-Jeanne Gomard, comtesse du). — Sur une banderole,
BOUTEZ EN AVANT. Écu aux armes de la Dubarry et de ***.

R̥. Même légende, également sur une banderole. Monogramme
au milieu d'une couronne.   (*Octogone.*) F. D. C.

Cette devise BOUTEZ.EN.AVANT était celle du comte de Barrymore en Irlande.
A. Chassant, t. I, p. 37.

933. A·LOUIS·F·DE·BOVCHET·MARQ·DE·SOURCHES·G·PREV·
DE·FR. Écu à ses armes.

R̥. ATTRAHE·SEQVAR·1700. Le Soleil au-dessus des nuages.
          B.

— Sans légende. Écu aux armes du comte d'Esclimont.

℞. GABRIEL · JEROME · DE · BULLION · COMTE · D'ESCLI-MONT · PREVOST · DE . PARIS · 1722, en sept lignes dans le champ. *(Octogone.)* T. B.

— Sans légende. Écus mariés de Chamillart et de sa femme.

℞. MICHEL · CHAMILLART · MINISTRE · ET · SECRETAIRE · D'ETAT · CONTROLEUR · GENERAL · DES · FINANCES · 1701, en sept lignes dans le champ. *Refrappé.* F. D. C.

— HIERONYMUS · D'ARGOUGES · PRAETOR · URBANUS. Écu à ses armes.

℞. UMBRAS · PRIMA · RESOLVIT. A l'exergue : LA · COM^(IE) · DES · PROCUREURS · AU · CHASTELET · 1718. L'Aurore dans son char. T. B.

— Sans légende. Écu aux armes du duc de Coigny. Signé : GAT-TEAUX.

℞. LE · DUC · DE · COIGNY en quatre lignes au milieu d'une couronne. *Octogone.* (*5 pièces.*) F. D. C.

934. Sans légende. Écu aux armes de Fleuriau.

℞. JOSEPH · JEAN · BAPTISTE · FLEURIAU · D'ARMENON-VILLE · SECRETAIRE · D'ETAT · AUX · FINANCES · 3 · FEVRIER · 1716 · CH^(ER) · GARDE · DES · SCEAUX · DE · FRANCE · 28 · FÉVRIER. 1722. T. B.

— CH · L · AUG · FOUQUET · MARECH · DUC · DE · BELEISLE. Son buste cuirassé, à gauche.

℞. UTILITATI · PUBLICAE. A l'exergue : FUNDATVR · METIS · 1760. La Science, les Arts et l'Agriculture debout. F. D. C.

— GASTON · DE · FRANCE · FRERE · VNIC · DV · ROY. Écu à ses armes.

℞. MINOR · MAIORE · SVPERSTES, 1639. Ciel étoilé au-dessus de la terre. T. B.

— F · GASSIN · EC^(FR) · S · DE · MORMANT. Sa tête nue, à droite.

℞. CHARLOTTE · DVPVY · DE · PIGNY. Son buste à gauche. 2 jetons. (*5 pièces.*) B.

935. CL · DE · GVENEGAVD · C^(ER) · TRES^R · DE · LESPARGNE. Écu à ses armes.

℞. NON · HAEC · SINE · NVMINE · DIVVM · 1647. Deux îles, l'une avec ILVA, et la mer couverte de navires. B.

— I·LOYS·D·LAVALLETE·D·DESPERN·P·COLL·GNAL·DE·
FRA. Écu à ses armes.

℞. INTACTVS·VTRINQVE·1620. Figure à demi-nue, debout, présentant deux torches allumées à un lion qui s'enfuit vers une ville. (*2 pièces.*)   T. B.

936. HENRY·D'ORLEANS·DVC·DE·LONGVEVILLE. Écu à ses armes.

℞. PRIMITIAS·FLORVM·THEMIDI·SYLVA·DEDIT·1657. Vue d'une forêt.   *Rare.* T. B.

— LVDOVICVS·XIII·DEI·GRA·FRAN·ET·NAVAR·REX. Écus de France et de Navarre couronnés. Au-dessous, la vache du Béarn.

℞. CLARIOR·MVNIMINE·FRANCO·1615. Couronne royale au milieu d'une enceinte.   *Rare.* F. D. C.

— MESSIRE·P·MARTEL·CHE^R·SEIGNEUR·DE·CHAMBIN. Écu à ses armes.

℞. DAME·ELISABET·MAG·FR·DE·LITOLPHY·MARONY. Écu à ses armes. (Pour la Bretagne.) *Rare.* (*3 pièces.*)   T. B.

937 R·N·C·A·DE·MAUPEOU·CHANCELIER·1768. Son buste à droite.

℞. Sans légende. Écu à ses armes, couronné, sur un manteau.
Refrappe? F. D. C.

— I·DE·MESGRIGNY·CH^R·VIC^TE·D·TROYES·BARON·DE· VENDEVVRE·M^E·D·REQ^ES. Écu à ses armes.

℞. HVBERTE·RENEE·DE·BVSSY·DINTEVILLE·1642. Écu à ses armes.   *Rare.* T. B.

— G·MORAND·S^R·DE·RVPIERRE·C·DV·ROY·ET·TR·G·D· P·ET·CH·D·FR. Écu à ses armes.

℞. FACILE·ET·COMPENDIO·1622. Pont à trois arches.
(*3 pièces.*)   *Rare.* T. B.

938. A·DE·MONTAFIE·COMTESSE·DE·SOISSONS. Écu à ses armes.

℞. NEGAT·INVIDA·SOLEM·1615. Le soleil, la lune et les étoiles.   *Rare.* F. D. C.

— Sans légende. Écu aux armes de Nicolay et de Lamoignon.

℞. IOAN·AIMA·NICOLAY·SUPREMÆ·REGIARUM· RATIONUM·CURIÆ·PRINCEPS·ET·FRANC·ELISAB·DE· LAMOIGNON·UXOR·CHARISSIMA·NOV·1705, en neuf lignes dans le champ.   *Rare.* B.

— Sans légende. Écu aux armes de Madame de Pompadour (J. Antoinette Poisson).

— Monogramme couronné au milieu d'une couronne.

Refrappe. F. D. C.

— ARMAND·IO·CARD·DVX·DE·RICHELIEV. Son buste à droite.

R̸. AEQVORA·TVTA·TENET·1642. Vaisseau allant à droite.

B.

— ARMAND·IEHAN·DVPLESSIS·CARDINAL·DE·RICHELIEV. Écu à ses armes sur une ancre.

R̸. CVNCTVS·DOMINABITVR·ORBIS·1631. Trois tiges de lis. (*5 pièces.*)   F. D. C.

939. R·PHELIPEAVX·S^r·DHERBAVLT·C·D·R·EN·S·C^{ls}·ET·SEC^{re}· DE·S·COMMD^s. Écu à ses armes.

R̸. HIS·IVVAT·IGNIBVS·VRI·1622. Deux Génies avec des torches, brûlant un phœnix, posé sur un autel, et qui regarde le soleil. Sur l'autel, AEI.   •   *Rare.* T. B.

940. JULES·HERCULE·PRINCE·DE·ROHAN. Son buste à gauche. Signé : DUVIV.

R̸. SINE·MACULA·MACLA. Écu à ses armes, soutenu par Hercule et Minerve.   (*Octogone*). *Refrappe.* F. D. C.

— BAPTIS·LABBEY·S^r·DE·LA·ROQUE. Écu à ses armes.

R̸. TUÉ·PAR·LES·HUGUENOTS·A·LA·BATAILLE·DE·MONCONTOUR·LE·3 OCT·1559, en cinq lignes dans le champ.

Refrappe. F. D. C.

— Sans légende. Écu aux armes du maréchal de Tourville.

R̸. IETTON·DE·MONSIEUR·LE·MARECHAL·DE·TOUR-VILLE, 1700, en six lignes dans le champ. (*3 pièces.*)   B.

JETONS RARES ET CURIEUX DES XVᵉ ET XVIᵉ SIÈCLES

941. **GITES·SVREMENT·GITES**. Croix à triple nervure feuillue et évidée ; au centre, une croisette partie.
℞. **ET·LE·CONTE·TROVVERES**. Champ semé de lis.   B.

942. *Chambre des Comptes de l'Anjou*. NVMERANDI·CA·HI·CALCVLI·CVSSI·FV. Croix à double traverse, sur un champ semé de lis.
℞. IVSSV·LVDOVICI·XII·FRANCOR·REGIS. Champ semé de lis.   T. B.
Rouyer et Hucher, pl. xiv, nᵒ 119.

943. MESSIRE·IEHAN·DE·SAINCT·AVLLAIRE. Écu à ses armes.
℞. MAISTRE·DOSTEL·ORDINAIRE·DV·ROI. Salamandre couronnée, à droite.   F. D. C.
Planche XVI.

944. M·GVILL·BAVDRY·GNAL·DES MONNOYES. Écu à ses armes.
℞. SIC·VOS·NON·VOBIS. 1573. Laboureur conduisant sa charrue, à gauche.   T. B.

945. CATH·DE·BOVRBON·M·DISLE·C·DE·BEAVFORT. Écu à ses armes.
℞. EX·HIS·TIBI·NECTE·CORONAM·1588. Une main céleste sortant des nuages, tenant un miroir entouré de fleurs. T. B.

946. **PLVS·EST·EN·VOVS·MEER·ES·IN·HV**. Écu aux armes de Louis de Bruges, seigneur de la Guthuyse (ou Guthuse).
℞. Même légende. Une bombarde sur son affût, lançant un boulet.   F. D. C.
Ce jeton est d'une fabrique plus flamande que française. Voir Revue belge,

1888, pl. VII, fig. II, et aussi Rouyer, dans les *Mélanges de numismatique,* année 1877, page 287-88 [1].

947. *Cour des monnaies.* — CVRIA·MONETAR·FRANCIÆ. Écu de France couronné.

  ℞. AEQVITAS. Une Foi tenant deux cornes d'abondance soutenant une balance.   T. B.

948. M·IEHAN·COTEREAV·TRESORIER·DE·FRAN. Écu à ses armes.

  ℞. RE·DE·QVE·CESARI·CESARI·QI·SVNT·DEI. Écu couronné aux armes royales de France.   T. B.
                Planche XVI.

949. CAROLVS·CARDI·DE·LOTH·ARCH·DVX·RHEM. Écu aux armes du cardinal.

  ℞. ADHÆSIT·ANIMA·MEA·POST·TE·1573. Pyramide entourée de lierre.   T. B.

950. GVL·BAILLV·REG·RATIONV·PRAESES. Écu à ses armes.

  ℞. ANIMI·FORTITVDO·1550. Hercule debout sur un aigle, portant le taureau de Crète sur ses épaules.   T. B.

951. M·I·DESTREES·CH ·CA ·DE·LARTILLERI ·DE·F . Écu à ses armes posées sur deux canons.

  ℞. NON·EX·OTIO·1571. Écu aux armes de Gontaut-Biron, posées sur deux canons.   F. D. C.

 — FRANC·F·REG·FRAN·D·G·DVX·BRAB·CO·FLAND. Le duc à cheval au galop, à droite. Dessous : FLAN.

  ℞. CONCORDIA·RES·PARVAE·CRESCVNT·82. Écu écartelé de France et de Flandre.   T. B.

952. NICOLAS·GENCIAN. Écu aux armes de Gentian.
  ℞. CVNCTA·FAVSTISSIMA·FAVSTIS·1576. Colonne surmontée d'un oiseau entre deux cornes d'abondance.   T.B.

---

1. Nous possédons de ce même personnage un autre jeton aux mêmes types, mais dont les caractères sont d'un autre style et qui porte cette légende flamande : LEGHPEN·OM·MIN·HEE·VA·GRVTHVSE. Au revers, comme ici : PLVS·EST·EN·VOVS·MEER·ES·IN·HV.

953. ANNE·D·D·IOIEVSE · PAIR · AMIRAL · DE·FRANCE · G·D·N· (*gouverneur de Normandie*). Écu à ses armes.
℞. STATVR·ININSTABILIS·1585. B.

954. NICOLE·HERBELOT·MAISTRE·DES· ᶜTES. Écu à ses armes.
℞. VIRTVS·ET·INGENIVM. La Foi chrétienne, debout de face, tenant de la main droite un calice, de la gauche un livre ouvert; le tout sur un champ fleurdelisé. T. B.
Planche XVI.

955. M.IACQVES·HERISSON·FONDEʳ ·DE·LARᶦᴱ·DV·ROY. Écu à ses armes.
℞. VNDIQVE·TVTVS·H·1598·B. Un chasseur avec ses chiens, attaquant un gros hérisson. T. B.

956. GVY·CONTE·DE·LAVAL. Écu à ses armes.
℞. NEGATA·TENTAT·INTERVIA·1583. Un arbre sur le sommet d'un mont. T. B.

957. GETTOVRS·DE·EVSTACE·LVILLIER. Écu à ses armes.
℞. ICA·IEBS·VER·BEIT. Dragon, à droite, entre un épi et une bûche de bois. T. B.

958. IE·NOM·DE·LIS·AMI·1558. Écu aux armes de France.
℞. ARCHIEPIS·TVRON. Écu aux armes de Maillé, archevêque de Tours. T. B.

959. FAIRE·ME·FIT·VNG·TRESORIER·DE·FRANCE. Écu échancré aux armes de Pierre de Montdoucet, écuyer, seigneur de Monceaux.
℞.LEQVEL·ROMPI·A·NANCI·MAINTE·LANCE. Croix feuillue, entourée de quatre croix noisetées. T. B.
Planche XVI.

960. **Navarre.** — *Charles-le-Mauvais.* — LE·ROI·DE·NA·VARRE. Écu mi-parti de France et de Navarre.
℞. CAN-BRE-AVS-DEN. Croix fleurdelisée, cantonnée de quatre lis. F. D. C.
Planche XVI.

961. GASTON·ROY·DE·NAVARRE·DVC·DE·NEMOVRS.Écu à ses armes.

    ℞. DOMINE·CRVCEM·TVAM·ADOREMVS. Croix feuillue et évidée, cantonnée de quatre branches fleuries. Inédit? B.

Planche XVI.

962. GRATIA·DEI·SVM·ID·QVOD·SVM·1562. Écu aux armes d'Antoine de Bourbon.

    ℞. VIAM·AVT·FACIET·AVT·INVENIET. Rocher enflammé. T.B.

Schlumberger, *Numismatique du Béarn*, pl. IX, n° 12.

963. HENRICVS·D·G·PRINCEP·NAVARE·D. Écu à ses armes.

    ℞. DIEV·EST·LA·FIN·DE·MON·COMPTE·1571. Monogramme HS couronné, cerné de deux palmes. B.

Planche XVI.

Schlumberger, *ibid.*, n° 30, var. pour le droit.

964. HENRICVS·D·G·REX·NAVAR·DOM·BEARN·DVX·VINDOC·ECT. Écu couronné à neuf quartiers.

    ℞. CAMERA·COMPVTOR·VINDOCIN. A l'exergue : REPVTANDVM·EST·1576. Arbre émondé, une serpe au-dessus. T.B.

Schlumberger, n° 33.

965. — Mêmes légende et avers.

    ℞. OMNIA·AD·CALCVLVM·1582. Table sur laquelle une main sortant des nuages compte des jetons; le champ semé de lis. B.

Schlumberger, n° 35.

966. CATHERI·SOEVR·VNIQVE·DV·ROI. Écu losangé à ses armes.

    ℞. IMPERSVASIBILIS·1595. Muse? debout de face, jouant de la lyre. A ses pieds un serpent, au fond une roche. T. B.

Schlumberger, n° 21.

967. RAOVL·DE·REFVGE·MAISTRE·DE. Écu à ses armes.

    ℞. COPTES·DV·ROI·CHLES·SEPTIEME. Croix feuillue cantonnée de quatre lis. T. B.

Planche XVI.

Rouyer et Hucher, pl. III, n° 19.

968. F·DE·RACONIS·MILITIE·QVESTOR. Écu à ses armes.
℞. M·D·LX. Cavalier allant à droite. T. B.

969. **VICIT·LEO·DE·TRIBV·IVDA.** Écu aux armes de Jehan Ruzé, général des Finances.
℞. **IEHAN·RVZE·GENERAL.** Champ semé de lis. T. B.
Planche XVI.

970. IEHAN·DE·TEVAL. Écu à ses armes.
℞. DEO·ET·REGI·1572. Trophée posé sur un autel. T.B.

971. LAVR·TESTV·CONS·ET·Mᵉ·DHOS·D·ROY. Écu à ses armes.
℞. POVR·LA·CHAMBRE·AVX·DENIERS·DV·ROY. Écu de France couronné. T. B.

972. TVRRIS·FORTITVDINIS·1556. Écu avec trois tours.
℞. A·FACIE...INIMICI·1556. Armes de***. B.
Planche XVI.

973. INITIVM·SAPIENTIÆ·TIMOR·DOMINI. Écu aux armes de***.
℞. NESCITIS·DIEM·NEQZ·HORAM. Deux tibias et trois têtes de mort. T. B.
Planche XVI.

974. IDEM·ASTRÆÆ. Écu écartelé aux armes de ***.
℞. PHOEBIQ·SACERDOS. Phœbus debout et une prêtresse voilée avec les attributs de la Justice et de l'Abondance, sacrifiant sur un autel allumé.
Planche XVI.

974 *bis*. Sans légende. Écu aux armes de Bonnier de la Mosson.
℞. Sans légende. Monogramme couronné. (*Octogone.*)
(*8 pièces.*) T. B.

3º JETONS DE CUIVRE

ROIS ET REINES DE FRANCE

975. **FRANCE·HONGERIE.** Écu parti de Hongrie et d'un semé de
France. (*Pour Clémence de Hongrie, femme de Louis X*).
    ℞. **IE·VI·D'AMOVRS.** Croix fleurdelisée, cantonnée d'étoiles.
                                                    F. D. C.

De La Tour, Rois et reines de France, nº 4 variété; voy. pl. I, fig. 5.

976. *Jean Ier, roi de France.* — Sans légende. L'enfant-roi emmailloté et
fretté, debout et de face. Il est accosté de quatre lis.
    ℞. Sans légende. Couronne royale remplissant le champ.   T.B.
                                         Planche XVI.

Combrouse, dans sa *Maison de France*, a vainement cherché un monument con-
temporain de cet enfant-roi. Il n'a trouvé qu'un jeton moderne sans intérêt. Celui-
ci, probablement inédit, est remarquable comme travail artistique du commencement du xıvᵉ siècle. Nous ferons remarquer que les jetons de la mère de Jean Iᵉʳ
sont aussi d'un style superbe, chose rare à cette époque.

977. **CETS·NARM·ET·CAR**. ? Écu aux armes de Jeanne de Bourgogne,
femme de Philippe VI.
    ℞. **COTES·DEPARDES·SIX·SVI·NOV.** Croix fleurdelisée
dans un quadrilobe.
  — **GETOIRS·DE·LA·CHAMBRE.** Écu de France losangé dans un
quadrilobe.
    ℞. **AVS·DENIERS·LA·ROINE.** Écu losangé aux armes de
Jeanne de Bourgogne.   (*2 pièces.*) Une T. B.

978. **YSABEL·DE·BAVIERE·PAR·LA·** Écu losangé de la femme de
Charles VI.

℞. **GRACE·DE·DIEV·ROYNE·DE·FRANCE.** Écu losangé
de Bavière et de Palatinat. T. B.

Rouyer et Hucher, pl. IX, n° 73 et de la Tour, n° 7.

— Trois petits jetons banaux aux mêmes armes, de la collection
Legras. B.

979. *François Ier.* — QVI·BIEN·COMPTE·BIEN·LABEVRE. Le roi
à genoux, à droite.

℞. PENSER·I·DOIT·A·TOVTES·HEVRES·1525. Une plante
de pensées. *Rare.* B.

Van Mieris. Tome II, p. 209 (François Ier, prisonnier en Espagne).

980. *Henri II.* — 2 jetons variés.
Catherine de Médicis. — ℞. ARDOREM·EXTINCTA·TESTAN-
TVR·VIVERE·FLAMMA.

De La Tour, n° 94, et pl. II, fig. 13.

François II. — FRANCIA·DVCTA·ES·PRVDENTIA.

De La Tour, n° 123.

— SVMITE·QVÆSTORES·QVÆ·PFER·GALLIA GRATIS.

(6 pièces.) B. et T. B.

De La Tour, n° 124.

981. MARIA·D·G·R·SCOTORVM. Écu à ses armes.

℞. DILIGITE·IVSTITIAM·1553. Les chiffres F·M sous une
couronne, accostés de deux étoiles. T. B.

— Deux jetons frustes de la même reine : ALIAMQVE·MORATVR·
1560. (*3 pièces.*)

De La Tour, n° 146, pl. III, fig. 12 et 147.

982. *Charles IX.* — Jetons datés 1562, 1563, 1567, 1572, 1574, et quatre
sans date.

— ISABEL·P·L·G·D·DIEV·ROYNE·DOVAIRIERE·DE·
FRANCE. Écu à ses armes.

℞. P·DROVLLIN·C·D·LA·ROYNE·E·G·G·DE·SA·MAI-
SON. Écu à ses armes. (*10 pièces.*) *Rare.*

983. *Henri III.* — Jetons datés 1579, 1582. — *Louise de Vaudemont*, 1576, 1586.   (*5 pièces.*)

> De La Tour, nᵒˢ 456 et 462.

984. *Henri IV.* — Jetons datés 1598, 1604, 1608. — *Louis XIII.* Jetons datés 1615, 1638. — *Louis XIII et Anne d'Autriche.* — *Marie-Thérèse*, 1660. — *Louis XIV*, 1664, 1671. — *Louis XV et l'Infante d'Espagne*, 1721. — *Louis XV.* — *Marie Lesczinska*, 1730.
(*18 pièces.*)

ADMINISTRATIONS

985. **Conseil du roi.** — NIL·NISI·CONSILIO, 1552, 1555, 1556, 1558, 1563, 1567, 1587, 1634, 1641.

12 pièces.

986. EXTRAORDINAIRE·COMAC·LAN·M·D·XXII. Un F gothique couronné, accosté de deux lis couronnés.

℞. IVSTICIA·EST·REDDERE·IVS·VNICVIQVE. Salamandre, à droite, accostée de deux F couronnés. *Rare.* F. D. C.

987. **Chambre des Comptes.** — LES·GIETOIRS·AS·CLERCS. — Autre. GITOERS·DE·LA·CHAMBRE. — Autre pour *François Ier*, 2 exemplaires. — *Henri II*, 1557 et sans date. — *Charles IX*, 1561, 1567, 1572 et sans date. — *Henri III*, 1576, 1579, 1580, 1582. 1584, 1588. — *Henri IV*, 1590, 1600.

23 pièces.

988. **GETOVERS·DV·TRESER.** Grand maitre agenouillé au pied de la croix posée sur quatre gradins.

℞. **DOVLTRE·MEIR.** Croix fleurdelisée cantonnée de quatre lis. *Rare.* T. B.

Publié par Schlumberger dans sa *Numismatique de l'Orient latin.*

989. **Trésor royal.** — *Louis XV.* 1750. — **Bâtiments du roi.** *Louis XIV,* 1699. — **Chancellerie.** 1612.

3 pièces.

990. **Cour des monnaies.** — 3 pièces aux balances. — *Henri II,* 2 pièces sans date, une de 1554, 1557. — *Charles IX,* 1566. — *Henri III,* 1582, 1583. — PIERRE·LE·BRUN, 1645. — ANDRE·HAC. Jeton de Nurenberg sans date. *12 pièces.*

991. PIERRE·MONET·CONS^{ᴸʀ}·DV·ROY. Écu à ses armes.
       ℞. ET GN^{ᴬᴸ}·EN·SA·COVRT·DES·MONNOYES. Banderole
       avec légende.   *Rare*. T. B.
       — PIERRE·LE·BOSSV·RECEVEVR. Écu à ses armes.
       ℞. GENERAL·DES·MONNOIES. Croix fleuronnée entourée
       de quatre étoiles.   *Rare*. T. B.

992. CE·SONT·LES·GETOVERS·DE·LA·CAN. Écu de France cou-
       ronné.
       ℞. AV·MOESTRES·DES·MONNOIES. Croix feuillue dans
       un quadrilobe.   *Rare*. T. B.
           Rouyer et Hucher, pl. III, n° 25.

993. — FRANCOIS·CONNAMI·GENERAL·DES·MONNOIES. Écu à
       ses armes (*fruste*).
       ℞. VIDE·NE·CRVCEM·CALCES. Croix grecque cantonnée de
       quatre lis.   *Rare*.
       — GERMAIN·VIVIEN. Écu à ses armes.
       ℞. GENERAL·DES·MONOIES·DE·FRANCE. Champ
       fleurdelisé.   *Rare*.
       — GERMAIN·LE·MASSON·GENERAL. Écu à ses armes.
       ℞. MAISTRE·DES·MONNOIES·DE·FRANCE. Champ
       semé de lis.   *Rare*.

994. **Chambre aux deniers.** — CHAMBRE·AVX·DENIERS·DV·ROI·
       Un oiseau entouré de fleurs.
       ℞. SIT·NOMEN·DNI·BENEDICTV. Branches au milieu
       d'un quadrilobe.   *Rare*. B.
       — *Louis XIII*. — CVNCTA·RESOLVAM·1614. — M·I·HESSELIN·
       1630. — Le même, sans date.   (*4 pièces*.)

PARIS

PRÉVOTS, ÉCHEVINS, etc.

995. **Le Châtelet, Commissaires.** — DU·DOYENNE·DE·Mʀ·DELA-
MARRE·1723.
— *Id*. DE·M·CHENON·1789.   *Refrappés*. F. D. C.
— Et un jeton de la ville, avec CHARITAS·PARISI.   (*3 pièces*.)

996. **Prévôts.** —IACQVES·SANGVIN, 1612. — ANTOINE·BOVCHET,
1618. — H. DEMESMES, 1619. — M. MOREAV, 1635. —
IEHAN·SCARRON, 1645. — ANTHOINE·LEFEBVRE, 1651.
— Mʀ·VOISIN, 1663. — DE·POMEREV, 1684. — DE·
FOVRCY, 1685, 1689. — SER·CRAMOISI, échevin, 1643. —
M·PHILIPPES, 1652. — DE·FAVEROLLES, 1659. (12 *pièces*.)

997. **Receveurs des pauvres.** — RAISSES·DE·LA·HARGERIE, sans
date. — C·MAILLET, sans date. — L·GELLAIN, 1666. — AD·
DE·HARLAY, 1672. — G. PERICHON, sans date. (*6 pièces*.)

CLERGÉ PARISIEN. ÉGLISES, etc.

998. CLERVS·GALLICANVS, 1650. — GRANDE·CONFRAIRIE·DE·
PARIS. Revers : les chiffres xii. x. — *Saint-Jacques*. I entre deux
coquilles. — Id. CHANOINES, 1647. — *Sainte-Geneviève*, 1709.
VRBIS·PRAESIDIVM. — SANCTE·NICOLAE, 1635. — CHA-
RITE·DE·SAINT·LOUIS·EN·LILLE.
Université. — HAEC·NVNCIA·VERI, 1657. (*10 pièces*.) B. et T. B.

999. **Médecins et Chirurgiens**. — PH·HECQUET, 1714. — A. BOUTÉ,
1717-18. — PH·CARON, 1724. — THEOD·BARON, 1754. —
THOM·LE VACHER, 1779-1786. — CHIRVRGI·PRUDENTES,
etc., 1659. Main ouverte. *(6 pièces.)*

CORPORATIONS

1000. **Archers?** VIVE·AMOVR. Deux amours tirant de l'arc sur un
oiseau. — **Étoffes de soie**. FABRIQUE·DES·ETOFFES·DE·
SOYE·ET·ARGENT, 1745. *Refrappe*. — **Bouchers**. IL·FAIT·
BON·VEOIR·CONCORDE·FRATERNELLE, 1576.—**Orfèvres**.
Louis XIV. AVRIFICES·PARISIENSES, 1700. — **Banquiers?**
BIENVENU, 1720. *(Octogone.)* — LIENARD·MIROITIER, 1710.
— *Louis XV*. VERRIERS·FAYANCIERS, etc., 1767. *Refrappe*.
— HOTEL·DE·LUXEMBOURG, 1720. *(Octogone.)* *(9 pièces.)*
B. et T. B.

PROVINCES

1001. **Anjou**. — F·JOURDAN·MAIRE,1711. — **Artois**. *Louis XIV*.
COMITIA·ARTESIAE. — *Louis XV*. Mêmes légende et écu. —
Arras. *Louis XIV*, 1655. — **Saint-Omer**. DE·VALBELLE.
EPISCOP., 1723-1730. *(13 pièces.)* B. et T. B.

1002. **Auvergne**. BOCHART·DE·SARON, évêque, 1693. — **Berry**.
ANN·DE·LEVI·DE·VANT, archevêque de Bourges, 1655. —
MIC·PHELYPEAVX, archevêque, 1680. — DE·LAROCHE-
FOUCAULT, archevêque, 1729. — GEOR·LUD·PHELY-
PEAUX, archevêque, 1757. — **Bourgogne**. FIDES·COMITIA·
BVRGVNDIAE, 1648, 1651, 1659, 1671, 1704. *(11 pièces.)*

1003. **Dijon.** — IEHAN·LE·MARLET·VICOMTE·MAIEVR, 1578. *Rare.*
— IACQ·VENOT, 1610. — I·DE·LA·CROIX·ET·MARIE·
DE·SAYVE, 1643. *(3 pièces.)* B. et T. B.

1004. — *Maires.* — P·GVILLAVME, 1663. — FRANCOIS·BAVDOT,
1694. — IEAN·BURTEUR, 1736. — CL·ROUSSELOT, 1765.
— **Auxonne.** POUR·LA·CHAMBRE·DE·VILLE·D'AUXONNE.
1621. *Rare.* — Id. *Henri III*, 1583. *Rare.* *(6 pièces.)* B.

1005. **Bretagne.** *Chambre des Comptes sous Henri II et Henri III.* —
IMPOTS·ET·BILLOTS, 1641. — **Nantes,** 1630-1746. — **Champagne, Reims.** LVD·CARD·A·GVISIA, 1584. 2 jetons. *(8 pièces.)*

1006. **Flandres.** — **Lille.** *Louis XIV*, 1697-1713. — *Louis XV*, 1737, et
autres jetons des Flandres : 1526, 1560, 1561, 1562 et 1599. —
François d'Alençon. *(12 pièces.)* B. et T. B.

1007. — PHLE·SYRE·DE·CROY·DVC·D'ARSCHOT. Son buste à
droite.
℞. PRINCE·DE·CHIMAY·ET·DE·PORCEAN·**Z**. Écu à ses
armes. T. B.
— Mêmes légende et buste.
℞. IEANNE·DE·BLOYS·DVCHESSE·D'ARSCHOT, 1595.
Écu à ses armes et à celles de son mari. T. B.

1008. **Lyon.** *Prévôts.* — IEAN·VACINET, 1701. — LOUIS·RAVAT,
1713. — PERICHON, 1739. — RIVERIEULX, 1749. —
PIERRE·DUGAS, 1751. — **Gavon.** Petit méreau, 1606. — **Le
Belley.** IOANNES. *(7 pièces.)*

1009. **Mantes.** 1596. — **Rouen.** *François Ier*, 1541. — **Saint-Roman,**
1595. — **Orléans.** *Henri IV*, 1608. — **Blois.** *Charles IX.* —
Henri IV. — *Louis XIII.* — **Poitou.** CARD·DE·RICHELIEV,
1641. — **Toulouse ?** LA·MALE·BESTE. *(9 pièces.)*

1010. **Tours.** *Maires.* — COTEREAV, 1591. — CH·BOVTAVLT,
1615-16. — ISAC·TOVLEIˢ, 1653. — 3 jetons de Lorraine,
1572, et de Metz. CAVMARTIN, 1754. *(6 pièces.)*

NOBLESSE DE L'ILE DE FRANCE ET DES PROVINCES

1011. *Armand d'Andelot*. AVIDI. etc. Deux chiens nageant.
— I·DV·BOVCHET·MARQVIS·DE·SOVRCHES·GR·PRE-
VOST·DE·FR. ℞. FRUSTRA. Un rocher.
— NICOLAS·COVDRAY·1645. — P·DE·FAVIERES, conseiller
du roi. — RENE·DE·LONGVEIL·1641. — I·DE·MADAILLAN·
1717. — ARMAND·DE·MAILE·DV·DE·BREZE·1646. (*7 pièces.*)

1012. JETTON·DE·M^R·LE·MARQVIS·DE·CHARMASSE· en cinq
lignes sur un écu. (*Octogone*). — Sans légende. Écu aux armes de
Robert de Coste? (*Octogone*). — I·EVVRAR·DE·IABACH·1659.
(*Refrappe*). — ROGER·DE·RABVSTIN·C·DE·BVSSY·1656.
(*Refrappe*). — M·RVZÉ·℞·DIVES·ALIT·FLAMMIS·1610. —
CESAR·DVC·D·VENDOSME·BEAVFORT·etc. 1637. — I·
LOYS·DE·LA·VALETTE·D·DESPERNON·1599. (*7 pièces.*)

1013. Sans légende. Armes de PIERRE·MAISSAT·1665. — NICOLAS·
DES·MARETS·CONTROLEUR·GENERAL·DES·FINANCES·
1708. — Le même personnage avec son buste à droite. 1712. —
QVOD·FVIT·HONOS·etc. Armes de Mazarin. 1651. — PAVL·
PHELYPEAVX·1656. *Refrappe*. — EVST·DE·REFVGE·1605.
(*6 pièces.*)

1014. CHARLES·MARQVIS·DE·ROSTAING·COMTE·DE·LA·GVER-
CHE. ℞. ET·ANNE·HVRAVLT·SA·FEMME·1641. — Autre
avec le buste de son fils. 1652. — MES·AVGVSTIN·DE·THOV·
CH·C·D·R·E·S·C·P·E·DESTAT. Écu à ses armes. ℞. EST·
APIBVS·etc. Ruche et abeilles. *Rare*. — LOVIS·DE·LA·TRE-
MOILLE·D·DE·NOIRMON. Écu à ses armes. ℞. Hercule.
Rare. — FR·DE·VAROQVIER. 1643. *Rare*. — ESTIENNE·
DVVERDIER. 1651. — CVIVS·EST. Buste du Prince de Galles
prétendant. ℞. REDDITE. L'Écosse et l'Irlande. (*7 pièces.*)

JETONS DES XVᵉ ET XVIᵉ SIÈCLES

1015. N · HENRY · CONTE · DALTESSAN · BAILLY · DE · DAVLPHE.
Écu à ses armes, accosté de NH couronnés.

℞. EX · LABORE · VICTORIAE · TESTANTVR. Une main tenant une couronne placée en haut d'une palme entourée d'une banderole avec inscription. B.

— IEHAN · AYMERET · S · DE · VELAYRE. 1580. Écu à ses armes. (*2 pièces.*) B.

1016. **Béarn et Navarre.** BONNE · FOY · BONNE · FOY. Écu aux armes de Bourbon et de Navarre.

℞. SIT · NOMEN · DOMINI · BENEDICTV. Croix fleurde-lisée dans un double quadrilobe. B.

— ANTOINE · DVC · DE · VENDOMOIˢ . Écu à ses ˆrmes.

℞. PER · DE · FRANCE · CONTE · DE · MARLE · S. Chien grif-fon ? allant à gauche. (*2 pièces*). B.

Schlumberger, pl. IX, nº 11.

1017. — HEN · P · L · G · D · D · PR · D · NA · DV · D · BE · C · D · MA · 1569. Écu losangé de Navarre.

℞. POVR · LA · C · D · C · ORD · A · LAFERE · S · OYSE. ˣ. Écu aux armes de France. T. B.

Schlumberger, pl. X, nº 21.

— MIS · G · DE · BEAVNE · CHER · CO · GNAL · D · FR. Écu à ses armes.

℞. VANNE · PER · IL · DRITTO · E · NON · TEMA. Bras sortant des nuages et tenant la foudre. (*2 pièces.*) T. B.

1018. — M · P · B · T · DE · FRANCE · Z · DE · LESPARGNE. Écu aux armes de Philibert Blandin.

℞. ΦΡΟΥΡΑ ΠΙΣΤΟΣ. Un animal ? informe, sur un champ de lis. T. B.

— REDDAM · VLCIONEM · HOSTIBVS · MEIS. Écu aux armes de Robert Rousseau ?

℞. **TV·CAVX·DESPE·TABVLA·SVPREMA**. Croix cantonnée de quatre pétoncles.   T. B.

1019. — **IEHANE·DE·BOVRBO·DOAIRIERE·DE·BOVR.....** Écu à
ses armes.

℞. **CONTESSE·DE·BOVRGOIGNE·ET·DAVVERGNE**.
Champ semé de lis. (*Jeton troué*).   B.

— **LVDOVICA·R·MA·DVCISSA·BORBONIEN**. Écu à ses armes.

℞. **PENNAS·DEDISTI·VOLABO·ET·REQVIESCAM**. Grand
L couronné, posé sur deux ailes d'oiseau.

-- **CHARLES·CARDINAL·DE·BOVRBON**. Écu aux armes du roi
de la Ligue.

℞. **FOLIVM·EIVS·NON·DEFLVET**. Un grand laurier?
(2 exemplaires).   (*4 pièces*.) B.

1020. — **C·D·BOVRBON·C·D·SOISSONS·PAIR·E·G·M·DE·FRAN**.
Écu aux armes de Charles de Bourbon.

℞. **IMPAVID·1596**. Lauriers sur le sommet d'un rocher.
(*Troué*.) B.

— **RENEE·DE·FRANCE·DVCHESSE·DE·FERRARE**. Écu à ses
armes, accosté de quatre R.

℞. **DE·CHRES·CONTESSE·DE·GISORS·DAE·DE·MON-
TARGIS**. Grand R couronné; dans le champ, huit hermines.
B.

— **LEONOR·CHABOT**. Écu à ses armes.

℞. **GRAND·ESCVYER·DE·FRANCE**. Épée entourée d'une
banderole. *Rare*. (*3 pièces*.)   T. B.

1021. **IEHAN·BRINON·CONSEILLIER**. Écu à ses armes.

℞. **...DES·COMPTES**. Chardon accosté de deux lis.

— **POVR·IOHAN·DES·BRVYERES**. Écu à ses armes.

℞. **BON·COMPTE·REIGLE·LE·MONDE**. Croix sur un
globe dans un double trilobe. (*2 pièces*.)   T. B.

1022. **IETES·LE·COMPTE·AV·VRAI**. Écu aux armes de Chante-
prime.

℞. **AVE·MARIA·GRATIA·PLE**. Croix pattée, entourée de
quatre couronnes et cantonnée de quatre lis.   B.

Rouyer et Hucher, pl. II, n° 16.

— C·DE·COVLIGNY·AMIRAL·DE·FRANCE. Écu aux armes de Châtillon-Coligny.

    ℞. SAT·VOLVISSE. Armes, trident, etc. en sautoir. (*2 pièces.*)

    B.

1023. FRANCOIS·DE·COVLIGNY·SIEVR·DANDELOT. Écu écartelé à ses armes.

    ℞. ΔΟΞΑ ΤΕΡΑΣ ΑΡΕΤΗΣ. Tête de Méduse sur un bouclier posé sur un trophée. T. B.

— GETTEZ CONTES·BIEN·ET·LOYALEMENT. Écu aux armes de Dimanche Longbard, maître de la monnaie de Tournay.

    ℞. DIEV·FERA·A·CHASCVN·SON·IVGEMENT. Croix feuillue cantonnée de quatre lis couronnés. (*2 pièces.*) B.

1024. CE·SONT·LES·GETOUERS·DE. Écu aux armes de Jehan Le Clerc.

    ℞. MAISTRE·IEHAN·LE·CLERC. Champ fleurdelisé. *Très rare.* F. D. C.

1025. IEHAN·DE·DAILLON·CONTE·DV·LVL. Écu à ses armes.

    ℞. FORTVNAM·VIRTVTE·LVDE. La Fortune nue, debout à droite sur un gouvernail? B.

— Sans légende. Un angelot debout, de face sous un dais gothique et tenant l'écu de *Guillaume Duché* (*argentier du roi en 1342*).

    ℞. GETOERS·GVIL·DVCHE·E·A·SES·COPAIGNS. Son monogramme surmonté d'une croix et accosté de trois lis, le tout dans un quadrilobe. (*2 pièces.*) T. B.

1026. POVR·LA·COMTOISSE·DEVRES. Écu à ses armes.

    ℞. PAR·AMOR·SVI·DONE·SIEN? Aux armes de Bourgogne? B.

— AVE·MARIA·GRACIA·PLENA·DO. Mêmes armes.

    ℞. PATER·NOSTER·QVI·ES·IN·CE. Croix fleurdelisée. (*2 pièces.*) T. B.

1027. RESVMPSIT·CORNVA·CERVVS. Écu aux armes de Frasans?

    ℞. O·LAME·DELLE…NA·TRE? 1572. Écu mi-parti aux mêmes armes. B.

— M·IAQVES·GOBELIN·CONSEILLER·DV·ROY. Écu à ses armes.

℞. ET · CORRECTEVR · ORDINAIRE · DES · COMPTES.
Croix fleurdelisée, cantonnée de quatre roses. (*2 pièces.*) B.

1028. IEHAN · [G?]ODET · CHEVALIER · S^R · DE · RENNEVILLE Écu à ses armes.

℞. NECESSARIO · FIDVS. Dextrochère tenant une épée. T. B.
— FRANCOIS · GODET · S^R · DE · VAVGETIA · ET · S^T · QTIN. Écu écartelé à ses armes.

℞. CONS ET · GENERAL · EN · LA · CO · DES · AYDES. Autre écu écartelé. (*2 pièces.*) T. B.

Les armes de ces deux jetons ne concordent pas et nous ne les avons pas trouvées dans les Armoriaux.

1029. C. GOVFFIER · CONTE · DE · CARVAS · ET · DE · MAVLEV. Écu à ses armes.

℞. GRAND · ESCVYER · DE · FRACE · SEIGNE^R · DE · BOYSI. Épée entourée d'une banderole.
— F · DE · LAVNAY · CON · D… etc. Écu à ses armes.

℞. NON · EST · MORTALE, etc. Monogramme. (*Il manque un tiers du jeton*). (*2 pièces.*)

1030. RAOVL · HVRAVLT · GENERAL · DE · FRANCE · Écu à ses armes.

℞. DV · ROY · FRANCOIS · PREMIER · DE · CE · NOM. Salamandre couronnée, couchée à gauche. F. D. C.

1031. ANTHOINE · D… MARCHS · DE · LORRAINE. Sept écussons.

℞. GECT · DES · COMTES · DE · LORRAINE. Épée entourée d'alérions. T. B.

— QVIES · EST · MICHI · LABOR ·. Buste à droite de Nicolas du Châtelet.

℞. GECT · DV · SEIGNEVR · DE · VAVVILLERS. Écu aux armes de du Châtelet. B.
— C · D · LORRAINE · D · DAVMALLE · P · D · FRAN. Écu aux armes de Charles.

℞. FACTIS · NOMEN · 1576. La Renommée debout et de face. (*3 pièces.*) T. B.

1032. C · DE · LORRAINE · DVC · DAVMALLE. Écu à ses armes.

℞. C · GODART · TRESORIER · DV · DIT · SEIGNEVR. Écu à ses armes. T. B.

— CATERINE·DE·LORRAINE. Écu losangé et couronné à ses armes.

    ℞. VIRTVTE·FAMA·PARATVR·1578. Quatre C croisés.
(*2 pièces.*)

1033. CATHERINE·DE·LORRAINE·DVCH·DE·NIVERNOIS. Écu à ses armes.

    ℞. DATAM·SERVAT·1608. Une Foi à terre sur deux branches; au-dessus, les nuages.

— MARQVIS·DE·ROVBAIS. Écu aux armes de Jean de Melun.

    ℞. EN·ESPOIR·IATENS·1587. Guerrier debout entre deux oiseaux fantastiques. (*2 pièces.*)   B.

1034. **VAILLE·QVE·VAILLE.** Écu aux armes de Jean de Mondoucet.
    ℞. **POVR·VNG·TRESORIER·DE·FRANCE.** Champ semé de lis.   F. D. C.

Voir le jeton n° 959 qui est peut-être du même personnage. Mais sur celui-ci les caractères sont plus anciens et d'un tout autre style.

1035. NICOLAS.DE.LA.MONTAGNE. Écu à ses armes.
    ℞. MAGDELAINE.DE.POITIERS. Écu à ses armes. Au-dessus et au-dessous, son monogramme.   T. B.

— PRO CAMERA·COMPOTORVM·NIVERNENSIS. Écu aux armes de Clèves, etc.
    ℞. Même légende. Casque en forme de muffle de lion, etc. (*2 pièces.*)   T. B.

De Soultrait, *Numismatique nivernaise*, p. 174. Gravé.

1036. **IEHAN DAILEBRET·CONTE DE·NEVERS.** Écu aux armes d'Orval.
    ℞. **ET·DERETEL·SEIGNEVR·DORVAL.** Croix pattée dans un quadrilobe.   B.

De Soultrait, p. 108. Gravé. Il dit « un seul connu ».

— MARIE·DALEBRET·CONTESSE·DE·NEVERS. Écu à ses armes.
    ℞. O·MATER·DEI·MEMENTO·MEI. Bâtons et plumes enlacés. (*2 pièces.*)   B.

De Soultrait, p. 124. Gravé.

1037. FRANCOYS·DVC·DE·NIVERNOIS. Écu à ses armes.

    ℞. SIT NOMEN DOMINI BENEDICTVM. Un cygne à gauche au milieu d'un écu.

De Soultrait, p. 125. Gravé.

— Le même jeton varié pour les armes de l'écu et le cygne en plein champ. (*2 pièces.*) B.

De Soultrait, p. 127. Gravé.

1038. NO·FECIT·TALITER·OMNI·NATIONI. Écu couronné aux armes de Louis d'Orléans, duc de Longueville.

    ℞. SIT·NOMEN DOMINI BENEDICTVM. Croix fleurdelisée, cantonnée de deux bouquetins et de deux L gothiques (les L ressemblent à des I, mais nous les voyons ailleurs parfaitement formées). T. B.

— CHARLES DVC·DORLS ET DE MILAN. Écu écartelé de France et de Milan.

    ℞. OMNIA·SECVLVM, 1543. Porc-épic couronné. *Fruste.*

— M·DE·BOVRBON·DVCˢ·DE·LONGVEV·ETOVTEVIᴸ· CONTESSᴱ·D·Sᵀ PAVL. Écu aux armes de Marie de Bourbon, mère de Henri.

    ℞. H·DORLEANS·DVC·DE·LONGVEV·COM·SOVVE· D·NEVFCHASᴸ·EN·SVISˢᴱ. Écu à ses armes. (*3 pièces.*) B.

1039. LEONOR·DVC·DE·LONGVEVILLE. Écu à ses armes.

    ℞. SVB·SOLE SVA·VMBRA. Bouquetin couché à gauche, au milieu d'une palissade.

— GIETOIRS·PIERRE. Couronne royale, au milieu de deux clefs.

    ℞. ROCEFORT. Croix dans un quadrilobe. (Pour Pierre de Rochefort, de la chambre aux deniers?) (*2 pièces.*) T. B.

1040. DOCE·ME·FACERE·VOLVNTATEM·TVAM. Sur une banderole sous l'écu : F·PERDRIER. Écu à ses armes.

    ℞.ERIPE ME·DE·INIM·MEIS·DNE. Un saint à genoux, à gauche. B.

— SIS·MITIS·ET·AEQVVS. Écu aux armes de Gaze de Bouvray.

    ℞. Mêmes légende et écu au milieu d'une couronne. (*2 pièces.*) T. B.

1041. ROBERT·DE·SARREBRVCHE·CONTE·DE·BRAINE. Écu à ses armes. T. B.

R⃰. MARIE·DAMBOISE·CONTESSE·DE·BRAINE. Écu à ses armes. T. B.

M. GAILLARD·SPIFAME·TRESORIER. Écu de France couronné.

R⃰. VOLABO·ET·REQVIESCAM. Écu aux armes de Spifame. (*2 pièces.*) F. D. C.

1042. VOLABO.ET.REQVIESCAM. Écu aux armes de Spifame.

R⃰. MAISTRE.GAILLARD.SPIFAME. Champ semé de fleurs de lis. T. B.

— SIMON.TESTV.RECEVEVR.DV.MAYNE. Écu à ses armes.

R⃰. CLERC DES OFFICES.DE.LOSTEL.DV.ROY. Écu de France couronné, accosté d'un F et d'une salamandre. (*2 pièces.*) B.

1043. IEHAN TABOUROT.OFFICIAL.DE.LANG. Écu à ses armes.

R⃰. DVO·VINCVLA·FORTIORA·VNO, 1566? Deux rameaux liés ensemble. T. B.

— IACQVES.DV.VAL.CON^TE.D.DAMPIERRE.S^R.DE.MON-DREVILLE. Écu à ses armes.

R⃰. CERTA.INTERRITVS.FIDVCIA 1580. Un rocher battu par les vents. (*2 pièces.*) B.

1044. IACOBVS.DE.VIENNA.VIVENT.POST.VIVAS. Écu à ses armes.

R⃰. Même légende. Grand monogramme avec XI. T. B.

— NOBILITAS.VNICA.VIRTVS. Écu aux armes de ***.

R⃰. SPECVLVM.VITÆ. Tête de mort au-dessus de deux tibias en sautoir. B.

— DAMI.DELOYAL.PAS.NAY.CVRE. Écu aux armes de ***.

R⃰. SOVFFRIR.ME.VAILLE.N.DE.LA.P. Croix évidée et fleurdelisée, cantonnée de N.D.L.P. (*3 pièces.*) T. B.

1045. Lot de 40 jetons et méreaux gothiques, plusieurs avec figures royales, trouvés en grande partie dans la Seine, à Paris.

1046. Grand lot de jetons banaux ou frustes; même provenance.

1047. Lot de 16 jetons d'argent octogones des XVIIIe et XIXe siècles pour jeu de whist. T. B. et F. D. C.

1048. Médaillier en palissandre et bois de rose, les cartons recouverts en
     soie bleue avec poignées et mascarons en cuivre doré. 16 tiroirs.
     Hauteur : 46 cent. ; longueur : 46 ; profondeur : 34.

SUPPLÉMENT

1049. Lot de cartons, du siècle dernier, pour médailles de divers modules,
     avec filets et ornements dorés.

1050. Cadre renfermant 22 estampages des médailles déposées sous la
     première pierre de fondation de l'hôtel des Monnaies, quai de
     Conti, le 30 avril 1771.

1051. Grand médaillon ovale en fonte de fer, avec le buste de Mons^{gr}
     LOUIS DE QUELEN, archevêque de Paris. — Haut. : 30 cent.

1052. Grand marteau de porte cochère en fer avec sa serrure et divers
     ornements estampés en zinc.

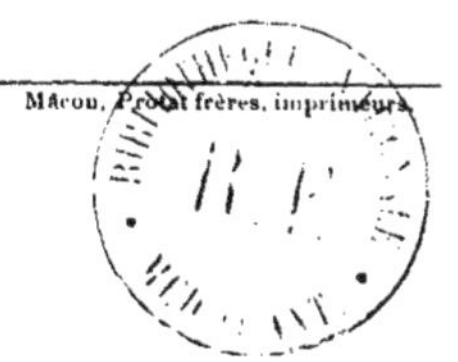

Mâcon, Protat frères, imprimeurs.

MACON, PROTAT FRÈRES, IMPRIMEURS.